中国ESP研究

CHINESE JOURNAL OF ESP

第 37 辑

主　编：朱梅萍

外语教学与研究出版社
FOREIGN LANGUAGE TEACHING AND RESEARCH PRESS
北京 BEIJING

图书在版编目（CIP）数据

中国 ESP 研究．第 37 辑 / 朱梅萍主编．-- 北京 ：外语教学与研究出版社，2025．1．-- ISBN 978-7-5213-6063-9

I．H319.3

中国国家版本馆 CIP 数据核字第 20252W8R85 号

中国 ESP 研究第 37 辑

ZHONGGUO ESP YANJIU DI-37 JI

出 版 人　王　芳
项目策划　孙凤兰
责任编辑　张小玉
责任校对　孙凤兰
封面设计　锋尚设计
出版发行　外语教学与研究出版社
社　　址　北京市西三环北路 19 号（100089）
网　　址　https://www.fltrp.com
印　　刷　北京捷迅佳彩印刷有限公司
开　　本　787×1092　1/16
印　　张　11.25
字　　数　250 千字
版　　次　2025 年 1 月第 1 版
印　　次　2025 年 1 月第 1 次印刷
书　　号　ISBN 978-7-5213-6063-9
定　　价　59.00 元

物料号：360630001

中国ESP研究　第37辑

目　录

本刊特设专栏：讲好中国故事

特约专栏一　主持人：侯俊霞

特约专栏二　主持人：张　翼

教学研究

翻译研究

课程研究

测试研究

学界争鸣

学术前沿

Chinese Journal of ESP　Volume 37

Contents

“产出导向法”视域下大学英语ESP教学实践——以“讲好中华服饰文化故事”为例*

张慧琴 北京服装学院

康洁平 北京服装学院

提 要：培养学生对外讲好“中国故事”，是国家战略、人才培养、高校外语课程教学的关键点，也是外语课程思政的有效途径。本文章聚焦“英语陈述与写作”ESP课程教学，剖析讲好中国故事与《大学英语教学指南》要求的契合点，结合校本特色，依托产出导向法“驱动—促成—评价”的教学流程，结合具体案例探索大学英语ESP教学中融入对外讲好“中华服饰文化故事”的具体路径与举措，在培养学生民族文化自觉、增强文化自信的同时，服务对外讲好中华服饰文化故事。

关键词：产出导向法；专门用途英语；讲好中华服饰文化故事；跨文化叙事能力

1 引言

中国故事是指与中国人民以及中华民族传统文化和价值观念相关的事情或事件（常海潮，2021）。习近平（2023）多次指示：“讲好中国故事，传播好中国声音”“文明因交流而多彩，文明因互鉴而丰富”“讲好中国故事，展现真实、立体、全面的中国，提高国家文化软实力”。大学英语作为高校本科教育阶段必修

* 本文系教育部产学研项目“立德树人艺术类大学英语师资队伍建设”（项目编号：202102093040）、北京服装学院教学改革项目“产出导向法视域下艺术类院校思想政治教育与大学英语‘同向同行’探索与实践”（项目编号：JD-2338）、“新文科视域下艺术类专门用途英语（ESP）的教学实践”（项目编号：JG-2342）、中国成人教育协会“基于技术赋能的理解当代中国英语系列慕课研发与应用”（项目编号：2023-002ZZ）以及国家留学基金委高访项目“计算机辅助文化翻译研究”（项目编号：202308110110）的阶段性研究成果。

且受众广的核心通识课程，在人才培养方面具有不可替代的重要作用（何莲珍，2020）。ESP课程教学实践依托“产出导向法”（Production-Oriented Approach，简称POA）理论，以“用英语讲好中国故事”为内容，可以有效激发学生的学习积极性、提高教学效率、改善教学效果（田晨旭，2022）。纺织服装艺术类院校结合校本特色，在专门用途英语（English for specific purposes，简称ESP）大学英语课程教学中践行讲好“中华服饰文化故事”的相关研究相对缺失。本文对此进行探索论证。

2 讲述中国故事之理据

面对国家对外讲好“中国故事”的战略任务，本节探讨大学ESP教学中如何基于学校特色，探索对外讲好中国故事的理念与方法，分为“为什么讲”“讲什么”和“怎么讲”三个层面。

2.1 “产出导向法”与ESP教学之契合：为什么讲

文秋芳（2015）提出中国特色外语教学理论POA，涉及教学理念、教学假设和师生合作共建的教学流程，具体包括驱动（motivating）、促成（enabling）和评价（assessing）三个环节。在明确教学目标和产出任务的基础上，引导学生获取产出任务所需的内容、语言形式和篇章结构，实现语言产出；针对学生的语言交际能力，给予多元化评价。

ESP起源于20世纪60年代后期，有别于通用英语（English for general purposes，简称EGP），旨在培养学生在某一特定专业内的英语使用技巧，教学内容不仅包括特定的英语知识，还涉及专业相关内容（周海燕，2023）。艺术类院校开设“英语陈述与写作”ESP教学，目的是培养学生的英语应用能力，未来在所学的专业领域顺畅进行英语口语与笔头的交流，使英语学习更具实践意义。这与《大学英语教学指南》（简称《指南》）中提出培养学生英语应用能力，增强跨文化交际意识和交际能力，满足国家、社会、学校和个人发展的需要完全相符。ESP课程设计应综合考虑国家战略、学校特色、学生发展的需求，并以此为基石设定服务多主体需求的多层次课程目标，关注ESP材料语言和语境真实性，凸显以校本资源为支撑的特点（陈建华、张殿恩，2022）。因此，特色院校倡导用英语讲好“中国文化故事”，不仅符合《指南》中提升学生英语综合运用能力这一显性工具性教育目标，还能促进跨文化教育、人文精神和思辨能力等隐性人文教育目标的实现（王培培，2023）。对照如下跨文化能力金字塔结构，梳理ESP大学英语教学与学生跨文化叙事能力培养目标之间的关系如图1所示。

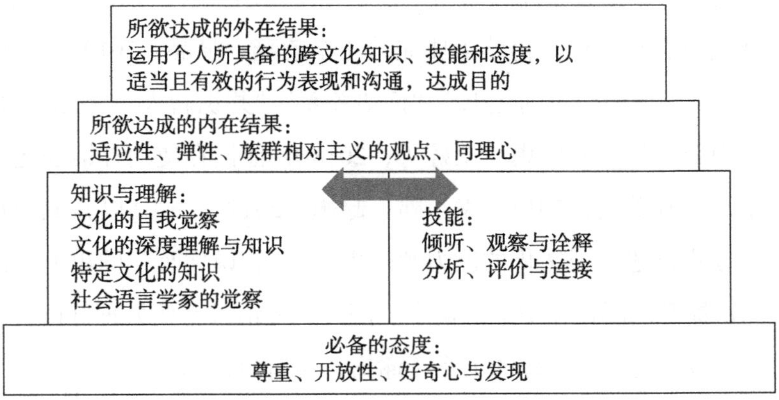

图1 跨文化能力的金字塔模式（Deardorff，2006：254）

基于Deardorff（2006）金字塔模型，首先要端正文化态度，在理解与掌握文化知识的过程中，提升跨文化技能；在跨知识与技能的相互作用与相互影响中，合力推进外部与内部的叙事能力提升的教学目标。因此，在教学中要以学生对待文化差异的态度作为切入点，鼓励学生以开放的心态，对异域文化从自然好奇到深入探索，从有心发现到深刻反思；在尊重与理解异域文化的过程中，不断增强跨文化敏感度（Bennett，2009），提升跨文化交际技能。教师可以从心理到行为两个不同层面，在确保语言输出质量的前提下，尝试从文化态度与情感、文化内涵挖掘与表达等多角度，评价学生跨文化交际能力的输出效果。

2.2“产出导向法”下讲好中国故事：怎么讲

在ESP大学英语教学中，将与中国文化相关的信息、思想和情感态度，用其他文化能够理解和接受的方式进行传递（杨华，2021）。英语故事是教师了解学生思想和情感诉求的窗口，在融入价值观教育层面具有天然优势（崔琳琳，

2021）。在大学英语课程开展“讲好中国故事”大课堂，既满足英语学习，又传播中华文化，更是笃行思政教育（黎婕，2024）。“产出导向法”视域下的ESP大学英语教学，以能力为导向，倡导“以学生为中心”，强调学生语言输出，这就要求基于ESP教学内容，挖掘文化内涵，不断提升学生文化理解能力和英语叙事能力。

目前我国大学生的叙事能力整体不强，即使使用母语，大学生在叙事的衔接与连贯、微观与宏观结构上仍然需要完善（李凌燕、吴晶，2012），在讲述中国故事过程中，大学生在“沟通态度”“话语关系”“共识新人”“话语责任”等深层方面的表现令人担忧和顾虑（王婷等，2018），他们在使用外语表述自我文化方面严重不足（林美笑，2018；袁小陆、赵娟，2017），尤其以异域受众能够理解或接受的方式讲述中国文化的能力亟待提升，“我说你听”的单方向内容输出已经不能满足提升国际传播效能的需求。因此，外语教育要处理好语言教育与文化教育、外语教育与母语教育的关系（谢梅、胡雪源，2019）。

基于此，艺术类院校ESP教学首先应该重视学生专业素养需求，多角度提升学生文化理解能力。针对教学内容补充中国优秀传统服饰文化故事或校园内服饰文化传承创新的人物或故事，例如使用原任校长最新力作《敦煌服饰文化图典·盛唐卷》（上、下册）的英汉对照版作为讲述中国故事的丰富素材。同时，基于学生学习需求，提示相关词汇、短语和语法知识，借助网络最新英语视听材料，引导学生增强对中华文化故事的直观感受，鼓励引导学生通过参与课堂内外，诸如服饰表演、民族服饰博物馆讲解等认知体验，思考中华服饰文化故事蕴含的中国智慧，加深对于中国服饰故事的理解与热爱，掌握对外传播服饰文化的策略与方法。

3 讲述中国故事之实践——怎么讲

ESP教学需结合具体案例讲好中国故事，用更具叙事性的方式“讲好中国故事”。本研究选取“英语陈述与写作”课程第三单元“传统文化”，在“产出导向法”视域下，从“课程目标”“教学设计”与“教学组织实施”三个维度，探索ESP视域下如何讲好中华服饰文化故事。

3.1 设定ESP教学目标

基于“产出导向法”的ESP教学，目的在于培养学生的文化理解与语言表达能力，提升学生的跨文化叙事能力，引导学生在讲述中华服饰文化故事中，通过查阅资料，分析、评价中华服饰文化的独特之处，理解和感受中华服饰所传递的价值观、审美观和社会习俗，培养跨文化交流的语言意识，增强对中华服饰文化的理解与认同，借助多模态来阐释、传递中国传统服饰文化，实现高质量的语言产出。本节以“英语陈述与写作”第三单元“传统文化”为例设计教学目标（见表1）。

表1　“英语陈述与写作”第三单元课程教学目标

教学目标	教学内容
知识目标	聚焦服饰故事的文化内涵，讲授英语陈述过程中的叙事要点，培养学生跨文化意识，帮助学生加深对服饰文化的深层理解。
能力目标	培养跨文化交际能力，掌握服饰文化英文表达的策略与技巧，具备用英语讲好中华服饰文化故事的核心素养与技能。
思政目标	挖掘中华服饰故事的优秀文化内涵，培养学生的文化自觉，加强学生的文化自信。
跨文化理解目标	以尊重异域文化的开放性心态，在探索中发现、理解中西服饰文化差异，采用服饰文化叙事过程中的多模态表达。

如表1所示，教学设计从总体到细节，注重在知识、能力、思政及跨文化理解四个层面，结合学校特色与学生职业发展的未来需要，拓宽英语语言综合实践，全面提升口语表达与写作能力。

3.2 ESP课程教学设计

“产出导向法”视域下的“英语陈述与写作”教学设计，依照“驱动—促成—评价”三个环节，明确产出任务和教学目标（包括交际和语言目标）（文秋芳，2015）。

首先，结合校本特色，融入“用英语讲好中国故事”的思政教育。从驱动环节的课前准备（单词、短语与句式表达作为语言知识能力的显性教学目标，举止言谈与课堂氛围营造等隐性思政育人目标的设定）到教师课堂教学的讲授，助力跨文化叙事能力的提升；尊重学生、理解学生，关注学生的需求，引导帮助学生掌握语言知识，在倾听、观察、理解、判断中主动聚焦中华传统服饰特色，增强文化意识，在适应文化差异中从多角度挖掘符合当今国家形象构建需求的优秀传统服饰文化内涵，尝试结合专业知识，多模态阐释、展示优秀传统服饰文化内涵。

其次，在促成环节，鼓励引导学生结合现代技术，基于课文内容，正视文化差异，灵活协调文化差异，合力进行中华传统服饰文化的多模态探索。通过课堂小组讨论，撰写脚本，口头讲述服饰文化故事，在引导、督促和相互鼓励中，促成陈述与写作的“产出”。

最后，在评价环节，考虑到课堂时间与学生的性格特点，教师通过课堂内外师生互评、学生自评、同级反馈、小组评价、句酷批改网以及外研社U校园的“以智助评”系统，驱动学生在积极修正中反复促成语言的产出，在磨炼意志与耐力中不断促成英语写作和口语表达的产出；在多元化评价中理解公开、公平与公正；在与同伴的自觉与不自觉的比拼中，学会与自己和解，具备为他人鼓掌喝彩的勇气。在师生、生生的相互尊重、相互理解、共同提升、团结友爱的过程中，润物无声地展开思政教育。

3.3 ESP教学组织实施

在ESP课程教学组织实施中，基于课前、课上与课后三个环节，教师需要提前做好语言输入与输出的准备，确保顺利实施ESP教学过程。

课前学习任务。通过课前线上、线下学习（视频观看、主题词汇练习、课文阅读），启发学生列举我国传统服饰文化相关信息，筛选出中国传统文化的热点问题，推荐学生观看英文视频《中国范儿》的汉服部分，掌握传统汉服制作工艺、特色汉服马面裙的相关词汇，引导学生关注身边全国十佳设计师对于传统汉服的传承创新，探索我国传统服饰如何在传承中符合现代国际审美。

课堂教学安排。课堂上，教师通过组织语言学习、篇章结构剖析、话题讨论，鼓励学生选取自己喜爱的传统服饰文化踊跃发言，根据各自的理解讲述中华服饰文化的传承创新，在相互启发的头脑风暴中推进教学。比如师生共同选取当下流行的传统服饰马面裙，从战略角度引导学生协同合作，查阅资料，结合清华大学贾玺增教授来校最新讲座“五色华彩马面裙”以及任课教师从事跨学科研究的部分成果，在理解特色汉服——马面裙的历史、形制与发展历程的同时，面对不同的受众群体，注重对外讲好系统完整的服饰文化故事。在写作中凸显讲述内容的故事性与趣味性，挖掘马面裙作为文化符号所传递的象征意义，增强受众群体对于马面裙服饰文化故事的体验感，在参与体验的多层次、多维度的视听融合多模态实践中，鼓励学生从专业角度讲述中华传统服饰文化故事。

比如，教师启发修正后的学术版马面裙故事，突出其裙门特点，从起源、发展与未来三个维度，较全面地勾勒出马面裙的过去、现在以及未来：

Mamian-qun, also known as "*mamian-zhequn*" (skirt with horse-face-shaped front and pleated sides), was one of the main dress styles used by Han nationality women in ancient China.

The skirt is composed of four gores with two outside gores located in the front and at the back of *mamian-qun* and the other two inside gores located on the two sides. The four gores overlap with each other in pairs. The two outer gores are decorated with embroideries, while the two inner ones are decorated with less or no decoration. Such a style proved to be convenient for movements and horse-riding.

Mamian-qun first appeared in the Song Dynasty (960–1279 CE), and later became popular in the Ming (1368–1644 CE) and Qing dynasties (1644–1911 CE). As to the way of wearing, most women in the Ming Dynasty still followed the traditional style of "*aoqun*", which means "*ao*" (upper jacket, sometimes cotton-padded) went along with "*qun*" (lower skirt, especially *mamian-qun* or other kinds of skirt with interval pleats).

In the late Qing Dynasty, there were certain variations to the traditional style: most Han nationality women would wear pants under the *mamian-qun*; the bottom hem of the *ao* (upper jacket) became much longer, long enough to cover the upper part of the *mamian-qun*, and the legs of the under-pants were longer than the skirt, making visible the beautiful embroidered border on the pant legs. Therefore, there would be a white space without any embroidery or decoration on the top part of the *mamian-qun* at that time since that part would be covered by the upper jacket.

In the early modern times, *mamian-qun* evolved into two more basic styles: “*langan-qun*” and “*baizhe-qun* (densely pleated skirt)”. Up to the 21st century, *mamian-qun* has once more returned to people’s life because of its everlasting cultural value and aesthetic charm. Its integration of beauty and function is of profound significance for modern fashion designers to refer to.

课堂上进行充满激情、平等友爱的生生合作与教师示范，在启发、互动与激励中促成完整故事的“生成”，基础版本的故事脚本即可供学生参考学习，要求学生在背诵的基础上，适度加入个人的观点与创意，同学之间相互推选代表，在“神采飞扬”中，口头模拟讲述中华服饰文化故事。

课后作业布置。在师生课堂合作、拓展学术版本马面裙英文故事的基础上，教师启发鼓励学生课后收集相关图片，结合专业知识理性看待2022年迪奥“马面裙风波”，录制微视频或手绘马面裙结构图，“懂得中国文化的特点，把我们文化中的好东西讲清楚，使其变成世界性的东西”（费孝通，2003），同时尝试撰写相关英文脚本，借助现代技术，在多模态视域下“产出”文字、图片、音视频、漫画、演讲等不同版本的中华服饰马面裙及其相关文化故事，实现ESP教学与专业学习的融合提升。

基于教师课前、课上及课后不同环节的目标任务与有效引导，使“产出导向法”理论指导下的“英语陈述与写作”教学遵循“驱动—促成—产出”三步骤，充分利用课前的充分准备、课堂的启发引导与语言操练、课后的作业安排，帮助学生在语言输入的基础上，加大语言的产出，提升语言质量。

事实证明，学生“产出”能力得到提升，在全国大学生跨文化交际能力大赛中屡获大奖，教师基于马面裙多模态翻译的学术探索在学术研讨上得到专家肯定，相关论文也在期刊发表。

4 结论

思政融入视域下依托“产出导向法”的ESP大学英语课程“英语陈述与写作”，遵循“驱动—促成—产出”具体要求与目标，从理论到实践，结合校本特色，贴合《大学英语教学指南》的培养目标，围绕为什么讲中国故事、讲什么样的中国故事、怎样讲中国故事，开展ESP大学英语教学实践。从任务驱动环节设计课程教学目标，到教学内容中结合校本特色创设情景、激发学生兴趣、满足学生个性需求，再到以任务驱动培养学生语言实践和自主学习能力，促成他们语言表达与写作产出，不断提升产出效果，在增强中华文化的自觉与自信中，对外讲好中华优秀服饰文化故事。

参考文献：

BENNETT J M, 2009. Cultivating intercultural competence: a process perspective[C]// DEARDORFF D K. The SAGE handbook of intercultural competence. Thousand Oaks: Sage: 121-140.

DEARDORFF D K, 2006. Identification and assessment of intercultural competence as a student outcome of internationalization[J]. Journal of studies in international education, 10(3): 241-266.

常海潮，2021. 大学英语课讲好中国故事：现状、路径和方法[J]. 外语电化教学（5）：96-100，14.

陈建华，张殿恩，2022. ESP视角下文化类大学英语课程设计研究——以“北京世界文化遗产”在线教程为例[J]. 中国ESP研究（2）：43-52，113-114.

崔琳琳，2021. 大学生“用英语讲中国故事”演讲模块的思政课程探究[J]. 外语教育研究前沿，4（4）：18-25.

费孝通，2003. 关于“文化自觉”的一些自白[J]. 学术研究（7）：5-9.

何莲珍，2020. 新时代大学英语教学的新要求——《大学英语教学指南》修订依据与要点[J]. 外语界（4）：13-18.

教育部高等学校大学外语教学指导委员会，2020. 大学英语教学指南[S]. 北京：高等教育出版社.

黎婕，2024. 用英语讲好中国故事视角下中国文化融入大学英语课程思政教学研究[J]. 大学（教学与教育）（8）：82-85.

李凌燕，吴晶，2012. 论叙事能力培养的正迁移作用[J]. 社会科学家（4）：156-158.

林美笑，2018. 试探大学生表达中国文化的英语口语水平[J]. 中国应用语言学（英文）(3)：338-356.

田晨旭，2022. 基于产出导向法的"综合商务英语"教学实践[J]. 重庆科技学院学报（社会科学版）(2)：105-112.

王培培，2023. 产出导向法视域下"用英语讲好中国故事"教学实践——以亳州学院为例[J]. 沧州师范学院学报，39（3)：117-123.

王婷，胡芳，李心悦，孙雪瑶，李凯山，2018. 当代大学生口语传播力调查及策略分析——以深圳大学为例[J]. 高教探索（4)：117-123.

文秋芳，2015. 构建"产出导向法"理论体系[J]. 外语教学与研究，47（4)：547-558，640.

习近平，2023. 习近平著作选读（第一卷+第二卷）[M]. 北京：人民出版社.

谢梅，胡雪源，2019. 文化平等与文化自信：大学外语教学中国家文化安全意识建设的基础和保障[J]. 西部素质教育，5（22)：24-26.

杨华，2021. 我国高校外语课程思政实践的探索研究——以大学生"外语讲述中国"为例[J]. 外语界（2)：10-17.

袁小陆，赵娟，2017."一带一路"背景下外语教育中文化自觉培养的诉求与应对[J]. 西安外国语大学学报，25（3)：69-72.

周海燕，2023. 产出导向法在艺术类研究生专门用途英语教学中的应用与实践[J]. 吉林艺术学院学报（6)：86-90.

作者简介：

张慧琴　北京服装学院教授、博士、硕士生导师。研究方向：ESP英语教学与中外服饰文化研究。通信地址：北京市朝阳区樱花园东路甲2号北京服装学院文理学院。邮编：100029。电子邮箱：zh-huiqin@163.com

康洁平　北京服装学院副教授、硕士生导师。研究方向：ESP英语教学与中外服饰文化研究。通信地址：北京市朝阳区樱花园东路甲2号北京服装学院文理学院。邮编：100029。电子邮箱：kanghong105@126.com

（责任编辑：徐立新）

学术文献阅读中的情绪体验与情绪调节

苏 芳 西安外国语大学
尚 莹 西安外国语大学

提 要：本研究采用质性研究方法，以学术文献阅读为例，探究了五名外语专业本科生的学业情绪及其调节策略。研究发现，学术文献阅读唤醒了学习者不同的学业情绪体验，呈现出由负性高唤醒情绪向正性高唤醒情绪动态变化的态势。学习者运用多种策略进行情绪调节，较少使用单一情绪调节策略，且将情境修正视为核心策略。本研究不仅丰富了二语学习中的情绪体验与情绪调节，也对未来情绪研究提供了启示。

关键词：学术文献阅读；学业情绪；情绪调节

1 引言

学业情绪及其调节不仅关乎学习者的身心健康，还影响其外语学习动机和外语学习成就（Burić *et al*，2016；Dewaele & Pavelescu，2021），成为学界关注的重要研究议题。随着情绪研究的积极转向，二语学业情绪研究发展迅速，从整体探讨二语学业情绪逐渐聚焦具体技能情境下的情绪（李成陈等，2024）。综合来看，具体技能情境下的情绪研究主要集中在写作，尤其是写作反馈活动中，对其他学习情境关注不多，不利于全面理解语言学习过程中的情绪体验。学术文献阅读是学术写作的必经阶段，对于初学者同样具有挑战，极易引发多种情绪。而正性情绪增强学习者表现，持续的负性情绪会阻碍学习者的学习投入（Li *et al*，2023）。因此，对学术文献阅读中学习者的情绪体验与情绪调节展开研究十分必要。

2 文献综述

Pekrun & Linnenbrink-Garcia（2012）从效价、活跃程度和指向目标三个维

度提出了学业情绪概念分析框架（见表1），是近年来教育心理学研究的重要理论之一（Pekrun，2000；Pekrun，2006；Pekrun & Linnenbrink-Garcia，2012）。Harley *et al*（2019）提出了学业成就情境下的情绪调节整合模型（the integrated model of emotion regulation in achievement situations，简称ERAS）进一步细分了情绪调节分类框架，主要包括情境选择、情境修正、注意分配、认知改变和反应调节五大类。这些为本研究提供了重要的理论基础。

表1　学业情绪分类框架（Pekrun & Linnenbrink-Garcia，2012）

<table>
<tr><td rowspan="2">效价</td><td colspan="2">正性</td><td>带来正面主观感受的情绪，如愉悦、兴奋</td></tr>
<tr><td colspan="2">负性</td><td>带来负面主观感受的情绪，如焦虑、悲伤</td></tr>
<tr><td rowspan="2">活跃程度</td><td colspan="2">高唤醒</td><td>提高生理紧张、活跃程度的情绪，如焦虑</td></tr>
<tr><td colspan="2">低唤醒</td><td>降低生理紧张、活跃程度的情绪，如平和</td></tr>
<tr><td rowspan="6">指向目标</td><td rowspan="3">成就情绪</td><td>活动情绪</td><td>投入学习活动时唤醒的情绪，如愉悦</td></tr>
<tr><td>回顾性结果情绪</td><td>过去学习结果唤醒的情绪，如快乐</td></tr>
<tr><td>前瞻性结果情绪</td><td>未来预期学习结果唤醒的情绪，如希望</td></tr>
<tr><td colspan="2">认知情绪</td><td>投入学习活动认知过程时唤醒的情绪，如好奇</td></tr>
<tr><td colspan="2">社交情绪</td><td>社交及人际关系唤醒的情绪，如感恩</td></tr>
<tr><td colspan="2">话题情绪</td><td>学习内容话题唤醒的情绪，如对小说主人公的共情</td></tr>
</table>

学业情绪研究发展迅速，既有从整体探讨二语学习情绪，也有从具体技能角度分析特有情绪的研究（李成陈，2020；李成陈等，2024；Dewaele & Li，2020；Feng *et al*，2023；韩晔、高雪松，2024）。整体探讨二语学习情绪的研究从元分析及实证视角对二语学习情绪研究现状与发展进行描述与分析。随着积极心理学视角的引入，情绪研究更多关注主观积极体验、个体积极特征和集体积极环境，研究发现正向情绪与负向情绪共存，并受个体与社会等多种因素的共同影响（于涵静等，2024；李成陈、韩晔，2022；Jin & Zhang，2018）。从具体技能角度分析特有情绪的研究以聚焦写作为主，偶有涉及口语活动（许悦婷、刘呈呈，2024；韩晔等，2024）。这些研究描述分析了情绪在不同技能活动中的表现及动态变化，发现情绪调节策略具有明显的个体性（韩晔、许悦婷，2020；Shafiee & Jafarpour，2022；Bielak & Mystkowska-Wiertelak，2024）。

综上，从整体视角探究情绪与二语学习的研究较多，且以量化研究为主。从具体技能视角研究情绪以聚焦二语写作技能为主，鲜见针对学习者学术文献阅读中的情绪体验与情绪调节方面的研究，这不利于有效帮助学习者提升其学术素养（苏芳，2021）。鉴于此，本研究聚焦学术文献阅读中学习者的情绪体验与情绪调节。本文研究的问题为：学术文献阅读中唤醒了哪些情绪体验？学习者使用了哪些调节策略？

3　研究方法

3.1 研究场域与研究参与者

本研究以某外语类高校的新生研讨课为研究场域。该研讨课共28学时，采取小班授课，选课人数为25人。该研讨课包含多种形态课堂活动，其中学术文献阅读是主要课堂活动之一。

通过便利与自愿原则，有五位同学参与本研究，其中三位男同学，两位女同学，平均年龄18岁。他们均有10年以上的英语学习经历，拥有较高的英语水平，高考英语成绩在130以上，具体见表2。在进入大学之前，四位参与者均表示没有学术阅读经历，小知因参与所在学校组织的模拟联合国活动，有过一定的学术阅读经历，但主要聚焦经济、法律等方面。

表2　参与者基本信息

姓名（化名）	性别	年龄	高考成绩	学习时间（年）	所学专业
小昊	男	18	96/120	12	日语
小添	男	17	139/150	12	阿拉伯语
小源	男	18	保送	10	西班牙语
小知	女	18	保送	10	德语
小展	女	18	135/150	10	阿拉伯语

3.2 数据收集与分析

本研究隶属于一项学术素养研究项目，以其中的访谈为主要数据。访谈每人三次，总时长约13小时，分别在学期初、学期中与学期末进行，主要聚焦受访者在学术文献阅读过程中的体验及采取的行动。经授权，访谈已全部录音，并转写成文本数据。此外，本研究还以学生学术阅读文本、阅读笔记、PPT、日志等实物资料作为佐证性数据。

本研究结合学业情绪分类框架和情绪调节整合模型（ERAS），对数据进行主题提炼，并进行数据间的互动分析与印证（Miles & Huberman，1994）。首先，反复阅读原始数据，提取关于情绪体验与调节的相关内容，进行初级编码；其次，对初级编码进行类属分析归纳，明确学习者在文献阅读活动中的情绪体验；最后参考ERAS，结合研究问题，对相关数据进行进一步归类，提炼主题，明确学习者所使用的情绪调节策略。

4 发现与讨论

研究发现，学术文献阅读唤醒了多种情绪体验，具有明显的阶段性、情境性与个体性。在此过程中，参与者综合采用了多种情绪调节策略，可归为情境选择、情境修正、注意分配、认知改变和反应调节这五大类。

4.1 学术文献阅读中的情绪体验

数据分析显示，学习者在学术阅读活动中的情绪体验更加丰富，且呈阶段性动态变化。学术阅读主要唤醒了学习者的认知、社交及成就三大类情绪，其中成就情绪可进一步细分为活动情绪、回顾性结果情绪和前瞻性结果情绪三个子类，共计23种具体情绪（见表3）。学习者在学术文献阅读过程中经历的情绪主要集中在成就情绪中的活动情绪，且整体上呈由负性高唤醒向正性高唤醒态势发展。其中认知情绪，社会情绪，活动情绪可分为初期、中期及后期三个阶段，而结果情绪主要体现为初期与后期两个阶段。

表3　学术文献阅读唤醒的学业情绪及示例

类别		具体情绪 前期→中期→后期	示例
认知情绪		惊讶→好奇→兴奋	学术文章原来长这样（惊讶，小源） 老师讲到学术文章的阅读是有规律的，我就想知道是什么（好奇，小知） 我还发现通过阅读比自身语言水平高的内容，可以更好地促进语言学习（兴奋，小昊）
社交情绪		紧张→感恩→惊喜	一想到老师会提问文章内容就紧张（紧张，小昊） 多亏老师上课带着我们读（感恩，小源） 看到老师的评价，我们都特别惊喜（惊喜，小展）
成就情绪	活动情绪	吃力、压力感、挫败感、苦恼、担心、无意识→平和、放松→有兴趣、满意、开心	读起来很吃力，有压力（吃力、压力，小添） 有很强的挫败感（挫败感，小昊） 就会很苦恼，怎么就读不懂呢（苦恼，小源） 平和了许多（平和，小知） 相对要轻松很多（放松，小昊） 挺满意的（满意，小源） 现在再读文献就有兴趣了（有兴趣，小知）
	回顾性结果情绪	失望、挫败→满足	有些失望（失望，小源） 我还挺满意的，现在读文献容易了（满足，小源）
	前瞻性结果情绪	焦虑、失望→希望	看到这么多要读，感觉读不完，也读不懂（失望，小昊） 对将来论文写作也会有很大帮助（希望，小源）

在初接触学术文献阅读时，参与者在认知、社交与成就情绪方面均经历了负性中高唤醒情绪体验。由于参与者缺乏学术文献阅读经验，导致其接触学术文献时有陌生感，体会到了学术阅读的难度，进而产生挫败感。例如，小源在访谈中就表达其惊讶的情绪，“学术文章原来长这样！而且让一个刚上大一的学生就读这么学术性的文献，我还是有些吃惊的”（访谈—I—小源）。小昊也表示自己没有读过专业性强的学术文献，看到这些文献有些“不知所措”。他在访谈中指出“我以前完全没有接触过学术性文章，老师布置让阅读这些文献，开始就有些不知所措，一想到老师会提问文章内容就紧张”（访谈—I—小昊）。而小添则表示

学术阅读材料对他来说太枯燥乏味、艰涩难懂，使他很排斥，有放弃的念头。

小源进一步指出由于文献学术性强，阅读起来比较吃力。他说“有些文章看不懂，写的风格不同，读起来很吃力，对自己有些失望”（访谈—I—小源）。小昊也强调由于阅读材料的学术性语言需要反复查阅工具书，使得阅读费时，有种挫败感。他在访谈中提到“有不懂的专业词汇，就会去查，然后就会多看，就比较费时，关键是有时候有些词明明知道，但读到后面发现理解得不对，还要去再查，然后会有很强的挫败感”（访谈—I—小昊）。小知虽然有一定的学术阅读经验，在开始接触学术文献时没有较强烈的负性情绪，但也体验到了“一点压力”。她指出“有时因为要看的文献比较多，要花更多的时间去看这么多的文献，就会觉得有那么一点压力吧”（访谈—I—小知）。相比而言，小展的压力体验则更强。她在访谈中强调“我的阿拉伯语学业比较重，没有那么多时间去看这么多文献，就只能摘要地看一点点，觉得很有压力，也担心影响上课效果”（访谈—I—小展）。

可见，参与者在学术阅读初期，因过往经验不足，专业课与选修课时间投入之间的张力及任务量大小等因素，经历了以负性中高性唤醒情绪为主的情绪体验。这一定程度上也说明了情绪体验受个体与环境因素的共同影响（韩晔等，2024）。

进入课程中期，参与者对学术文献阅读越来越熟悉，情绪也随之产生变化，即由初期的负性中高唤醒情绪为主转变为以中性中唤醒程度为主的情绪，情绪体验趋于平缓。小源指出，由于老师在课上帮助同学理解学术文章内容，指导如何进行学术阅读，使他对学术文献有了更加清晰的认识。他在访谈中说“多亏了老师在课上讲解，让我对学术文献有了清晰的认识，最重要的是让我更快地适应大学的这种学术性强的学习生活”（访谈—II—小源）。以上数据表明，学术文献阅读唤醒了小源对教师的感恩，进而帮助小源更好地适应大学生活。小昊也表示随着对学术文献阅读技巧的了解，阅读起来轻松很多。他指出“后来我也学着老师的方法，学会看重点，明确了学术文献的结构特点，读起来还是有规律可循的，也相对要轻松很多”（访谈—II—小昊）。小展认为“得益于老师的示范和自己的努力”（访谈—II—小展），她通过选择性略读，不仅理解了文章的主要内容，也缓解了焦虑。小知也明确表示在阅读学术文献时“平和了许多”（访谈—II—小知）。

随着课程的推进，到课程后期，参与者学术文献阅读的情绪体验则转变为以正性高唤醒情绪为主。正如小知说的“现在再读文献就有兴趣了，已经很清楚结构了”（访谈—III—小知）。小源也表示对自己能高效地阅读学术文献很满意，他说：“我还挺满意的，现在读文献就更容易了，一开始以为自己会搞不定”（访谈—III—小源）。小源进一步表示这样的学术阅读积累对自己的学术写作会有很大的帮助，他提到：“阅读文献给我们一种思路的提示，是一种预热，为将来我们在国际范围内去阅读文献，做一个很好的铺垫，对将来论文写作也会有很大的帮助”（访谈—III—小源）。小添也有类似的体验，他在开始阅读文献时很焦虑，但后期学会了破题，能从多角度进行剖析，为学术写作奠定基础。他指出：“像之前和您说的，我一开始还会爹毛，到后面我就好很多，学会了破题”（访谈—III—小添）。

以上数据表明，进入课程后期，参与者的情绪体验进一步正向发展，对未来充满希望，体现出一种积极向上的高唤醒情绪状态。该状态的出现一方面在于教师中介作用的成效，另一方面则是学习者自身的反思起到了重要作用。

综合而言，在学术文献阅读中，参与者经历了丰富的情绪体验，整体呈由负性高唤醒情绪向正性高唤醒情绪动态变化态势，具有明显的阶段性。这是由于参与者在经历负性情绪时，采取了一系列策略进行调节，使得情绪转向正性。下一节将对参与者的情绪调节策略进一步说明。

4.2 学术文献阅读中的情绪调节策略

依据情绪调节整合模型（ERAS），结合相关研究成果，本研究发现学习者在学术阅读实践活动中所采用的情绪调节策略涉及情境选择、情境修正、注意分配、认知改变及反应调节五个大类（Harley *et al*，2019）。参与者在调节情绪时较少使用单一策略，以综合使用多种策略为主，呈现出一定的复杂性与动态性。本研究中，使用单一策略的情形主要受个体经历及情境的影响。例如，小昊在吃惊大一就要读这么学术的文献时，随即选择改变自己的认知进行调节。他指出“毕竟大学了，还是要调整一下自己的认知吧，坦然接受挑战”（访谈—I—小昊）。小展通过时间积累，不断改变认知，使其由“总和一样的人合作没啥意思”的无聊情绪转变为“更愿意和小组成员一起完成所有的任务，觉得更流畅，更愉快，阅读起来会更有效”（访谈—III—小展）的愉快情绪。此外，受家人影响，小展通过反应调节策略来缓解初期的压力，她指出“也是受我妈妈影响吧，我喜欢听音乐来缓解压力。有时候也自己磨咖啡，听咖啡一滴一滴地滴下来的声音也很治愈”（访谈—II—小展）。由此可见，情绪的唤醒是由多种因素影响，而对其调节则主要受主体因素和学前情境的影响，即选择哪些调节策略，是由参与者的个体经验及对当前情境的把握共同决定的（Harley *et al*，2019）。

然而，在更多情形下，参与者在应对某一情绪时均倾向于同时采用多种策略。例如，在应对紧张情绪时，小昊综合使用了认知改变、情境修正、注意分配以及反应调节等策略调节情绪。他坦言：“紧张也没用，最好的办法还是用心去读文献，学习着老师的方法，多与小组成员进行沟通，慢慢就好了”（访谈—II—小昊）。而小添在应对初期的负性情绪时，则采用了注意分配，情绪修正以及反应调节等策略。他指出：“有时可能也是一种逃避吧，我就不去想这个事儿”（访谈—I—小添），之后他又提到“刚开始那会儿，我就是实在不行就干脆不做了，该干什么干什么去，等到Deadline前再完成，可能是我常愿意采用的策略”（访谈—II—小添），有时也“会和室友一起相约去图书馆，因为我们图书馆里的学术氛围很好，这样更能静下心来阅读”（访谈—I—小添）。然而，到后期小添发现只有通过提升自身能力才能解决根本问题，他提到“该干吗干吗其实并不能真正解决我的问题，根本的还是得提高我自己的阅读能力吧”（访谈—III—小添）。同样，小知在访谈中也提到关键还是“提升自己的阅读能力，能力上来了，阅读没什么问题，也不会有这些负面情绪”（访谈—III—小知），小源强调“根本的我觉得还是自己的阅读能力，能力能解决所有这些问题吧”（访谈—III—小源）。可见，针对同一持续的情绪体验，参与者会结合情境不断调适，体现了其能动性及反思性（Tamir，2021）。以上数据还表明，情境修正策略，尤其是修正内部情境是参与者调节情绪的核心策略。这一发现在已有研究中很少有涉及。

综上，学习者采用了不同的情绪调节策略应对负性情绪，针对同一情境下的情绪，学习者可能同时采用多种策略进行调节。例如上述小昊在应对学术初期紧张及焦虑的情绪时同时运用了注意分配（用心阅读）、认知改变（接受挑战）、反应调节（与小组成员沟通）以及情境修正（学习老师的方法）等策略。而针对同一情绪，参与者也会根据其效果及时进行调整。例如，小添先通过反应调节（做其他事情）来应对负性情绪，后因其效果不佳，他则采用了情境修正的策略，即修正内部情境，提升自己的阅读能力来调节情绪；而Bielak & Mystkowska-Wiertelak（2024）发现在口语活动中学习者采用认知调节策略作为核心策略。可见，具体活动情境是影响学习者策略选择的重要因素。以上发现同时也体现了主体在情绪调节中的能动性，呼应了Tamir（2021）的研究发现，表明学习者的内部因素也是影响其情绪调节策略选择的重要因素（韩晔等，2024）。

本研究发现进一步支持了情绪具有情境性的结论。在学术文献阅读中，学习者的情绪体验丰富多样，虽整体上呈由负性向正性的变化趋势，但并非简单的线性变化，具有明显的复杂性。有的情绪持续时间短，转瞬即逝，而有的情绪持续时间长，且存在多种情绪共存的情况，也存在情绪重现的情况，这也是本研究中参与者为何较少使用单一情绪调节策略，而较多使用多种情绪调节策略的原因之一。

5 结语

本研究采用质性研究探索了学术文献阅读中学习者的情绪体验与情绪调节策略。研究发现学术文献阅读中学习者的情绪体验更加丰富，整体呈由负性情绪向正性情绪变化的动态过程，具有明显的阶段性特征。针对学术文献阅读中的情绪，参与者选择不同的策略进行应对，呈现出动态复杂性，其中情境修正中的修正内部情绪是学习者采取的情绪调节核心策略。情绪调节策略的选择是情境与个体因素共同作用的结果。本研究的发现不仅支持了负性情绪能通过学习者的能动性得到调节，可增强学习者的韧性，是取得学术成就的关键（Macintyre，2016；Oxford，2016）的结论，也进一步表明正性学业情绪可为取得学业成就提供心理资源（韩晔、许悦婷，2020）。

本研究拓宽了二语情绪研究范围，也为情绪研究与二语教学提供了启示。未来研究可进一步深入探索情绪体验与情绪调节的复杂性变化过程与内在机制，以期获得更多促学、促研的成果。在教学实践层面，教师作为重要的中介因素，在教学过程中可进一步关注个体的情绪体验，通过多种方式与学习者共同调节情绪，进一步发挥情绪在学习中的积极作用。

参考文献：

BIELAK J, MYSTKOWSKA-WIERTELAK A, 2024. Emotions and emotion regulation in L2 classroom speaking tasks: a mixed-methods study combining the idiodynamic and quantitative perspectives[J]. The modern language journal, 108: 688-718.

BURIĆ I, SORIC I, PENEZIC Z, 2016. Emotion regulation in academic domain: development and validation of the academic emotion regulation questionnaire (AERQ)[J]. Personality and individual differences, 96: 138-147.

DEWAELE J M, PAVELESCU L M, 2021. The relationship between incommensurable emotions and willingness to communicate in English as a foreign language: a multiple case study[J]. Innovation in language learning and teaching, 15(1): 66-80.

DEWAELE J M, LI C C, 2020. Emotions in second language acquisition: a critical review and research agenda[J]. Foreign language world, 196(1): 34-49.

FENG S Z, LIU C, HAO J Y, SHI R, ZHANG M M, CHEN M E Y, LUO J, 2023. Sadness-counteracts-joy versus distraction and reappraisal in the down-regulation of positive emotion: evidence from event-related potentials[J]. Current psychology, 42(27): 23698-23711.

HARLEY J M, PEKRUN R, TAXER J L, GROSS J J, 2019. Emotion regulation in achievement situations: an integrated model[J]. Educational psychologist, 54(2): 106-126.

JIN Y, ZHANG L J, 2018. The dimensions of foreign language classroom enjoyment and their effect on foreign language achievement[J]. International journal of bilingual education and bilingualism, 24(7): 948-962.

LI C, Wei L, LU X, 2023. Contribution of foreign language writing emotions to writing achievement[J]. System, 116: 103074.

MACINTYRE P D, 2016. So far so good: an overview of positive psychology and its contributions to SLA[C]//GABRYS-BARKER D, GALAJADA D. Positive psychology perspectives on foreign language learning and teaching. New York: Springer: 3-20.

MILES M B, HUBERMAN A M, 1994. Qualitative data analysis: an expanded sourcebook[M]. New York: Sage.

OXFORD R L, 2016. Powerfully positive: searching for a model of language well-being [C]// GABRYS-BARKER D, GALAJADA D. Positive psychology perspectives on foreign language learning and teaching. New York: Springer: 21-37.

PEKRUN R, 2000. A social-cognitive, control-value theory of achievement emotions[C]// HECKHAUSEN J. Motivational psychology of human development: developing motivation and motivating development. Elsevier: 143-163.

PEKRUN R, 2006. The control-value theory of achievement emotions: assumptions, corollaries, and implications for educational research and practice[J]. Educational psychology review, 18(4): 315-341.

PEKRUN R, LINNENBRINK-GARCIA L, 2012. Academic emotions and student engagement[C]//CHRISTENSON S L, RESCHLY A L, WYLIE C. Handbook of research on student engagement. Boston: Springer US: 259-282.

SHAFIEE R H, JAFARPOUR A, 2022. Effects of well-being, grit, emotion regulation, and resilience interventions on L2 learners' writing skills[J]. Reading & writing quarterly, 39(3): 228-247.

TAMIR M, 2021. Effortful emotion regulation as a unique form of cybernetic control[J]. Perspectives on psychological science, 16(1): 94-117.

韩晔，高雪松，2024. 二语学习情绪调节研究：理论基础、研究现状与未来展望[J]. 外语与外语教学（1）：20-32，146-147.

韩晔，许悦婷，2020. 积极心理学视角下二语写作学习的情绪体验及情绪调节策略研究——以书面纠正性反馈为例[J]. 外语界（1）：50-59.

韩晔，许悦婷，李斑斑，高雪松，2024. 研究生学术论文写作与发表情境下的情绪调节策略研究[J]. 现代外语，47（1）：114-125.

李成陈，李嵬，江桂英，2024. 二语学习中的情绪研究：回顾与展望[J]. 现代外语，47（1）：63-75.

李成陈，韩晔，2022. 外语愉悦、焦虑及无聊情绪对网课学习成效的预测作用[J]. 现代外语，45（2）：207-219.

李成陈，2020. 情绪智力与英语学业成绩的关系探究——愉悦、焦虑及倦怠的多重中介作用[J]. 外语界（1）：69-78.

苏芳，2021. 外语专业本科新生学术素养社会化研究[M]. 北京：中国社会科学出版社.

许悦婷，刘呈呈，2024. 外语学科导师对硕士生情绪的调节：一项基于反馈情境的多重个案研究[J]. 外语与外语教学（1）：33-45，147.

于涵静，彭红英，黄婷，郑咏滟，2024. 外语愉悦和学习投入的历时发展研究[J]. 现代外语，47（1）：101-113.

作者简介：

苏　芳　西安外国语大学英文学院副教授、博士。研究方向：外语教育学、应用语言学，重点关注外语教育、教材研究、外语教师专业发展等领域。通信地址：陕西省西安市雁塔区长延堡街道西安外国语大学家属院17号楼。邮编：710128。电子邮箱：sufang@xisu.edu.cn

尚　莹　西安外国语大学英文学院在读研究生。研究方向：应用语言学。通信地址：陕西省西安市长安区文苑南路1号。邮编：710128。电子邮箱：810083688@qq.com

（责任编辑：朱梅萍）

从通用英语到专门用途英语：中国大学英语教师转型过程中职业身份认同的动态呈现

翟圣洁 香港中文大学（深圳）

提　要：本研究基于社会文化理论视角，采用质性案例研究设计，为教师身份认同研究提出了新的概念框架（教师知识、教师自主性和教师实践）。这三大模板相互关联、相互影响，最终促成教师职业认同的呈现。本研究探究了中国大学英语教师在从通用英语向专门用途英语转型过程中职业身份认同的动态呈现。研究表明，转型中教师的职业身份认同具有多样性、复杂性和互动性，在教师知识、自主性和实践三方面尤为突出。本研究意义有三：其一，为管理、决策部门制定大学英语教师转型的相关政策提供了一个综合的分析框架；其二，为现有涉及教师职业身份认同的研究贡献了特定语境下的研究数据，为研究教师职业发展提供了实证依据；其三，可以帮助转型中的英语教师观察自己的职业身份认同和反思教学实践，从而为规划中国大学英语教师职业培训和发展提供一个参考途径。

关键词：课程改革；向专门用途英语转型；外语教师职业身份认同

1　引言

在教育部颁发的相关英语教育文件中，大学英语教学改革一直备受关注（教育部，2010，2017，2020）。2017版和2020版《大学英语教学指南》明确指出专门用途英语是大学英语教学的重要部分。中国高校大学英语教学也因此正逐步向专门用途英语领域转移（Ai *et al*，2019；Jiang，2022）。中国大学英语教师正面临从单纯注重语言的英语教学向兼顾专业学科知识的英语教学转型（Ai *et al*，2019；王艳，2010）。相关研究主要关注专门用途英语是否应该成为大学英语教学的主要方向（蔡基刚、廖雷朝，2010）、转型过程中大学英语教师的出路（王艳，2010）、专门用途英语课程设置（李秀英、张艳敏，2022），以及专门用途英语教师的困境（黄萍，2022）。然而，对转型过程中大学英语教师的职业身份认同的实证研究（蔡基刚，2021）尚少。因此，本研究从教师知识、教师自主性以及教师实践三个模块探索转型过程中大学英语教师的职业身份认同。

2 文献回顾

2.1 教师身份认同的定义及重要性

众学者对教师身份认同给出了不同的诠释（Kayi-Aydar，2015；Lee，2013；Varghese，2017）。本研究将其视为教师在所处的社会、文化和政治环境下，对自身角色和实践活动的理解，以及对自身定位的一种表现方式（Lee，2013）。成为教师的过程就是教师对自己身份认同的发展过程（Kanno & Stuart，2011），且教师职业身份的认同影响着教师在教学中所做的每一个决定（Harbon，2017）。因此，教师职业身份认同是外语教学领域不容忽视的一个重要议题。

2.2 专门用途英语领域教师职业身份认同的实证研究

国内外学者开始对转型中专门用途英语教师的身份认同展开实证研究，所涉主题如下：转型中英语教师身份认同的构建与发展（Ai *et al*，2019；Jiang，2022；Jiang & Zhang，2021；Mahendra，2020；Martiningsih，2021；Meihami & Werbińska，2022；Qi *et al*，2021；Tao & Gao，2018）；教师对专门用途英语课程和教师角色的认识（Ayar，2021；Gao & Cui，2021；Guo & Zhu，2019；Rebenko，2020；蔡基刚，2021）；专门用途英语教师遇到的挑战和问题（Jafari & Razmjoo，2022；Jiang *et al*，2020；Meristo & López Arias，2020）。总结可得：其一，大多数研究直接采用Pennington关于TESOL教师身份认同的模型作为其分析框架，而解析转型中英语教师的身份认同需要一个更加综合的新的概念框架；其二，大多数研究提到转型中的教师缺乏学科知识、教师具有不同程度的驱动力或自主性、教学实践与教师身份认同相互影响，但是，这些因素具体如何呈现、如何相互影响却鲜有论述。

2.3 分析框架

Vygotsky（1978）提出的社会文化理论强调人类活动是通过与各种社会情境的连接而产生的。当此理论运用于二语教学领域时，一切跟语言教学相关的活动都应从整体和动态的视角去看待。故本研究以社会文化理论为分析视角，从教师知识、教师自主性和教师实践三大模块来探究从通用英语向专门用途英语转型中大学英语教师的职业身份认同（如图1所示）。

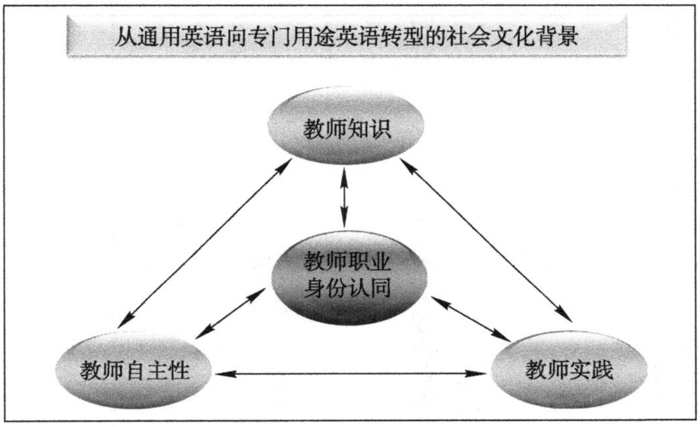

图1　分析框架

转型中，教师知识是反映其职业身份认同的一个重要层面（Edwards & Ogden，1998）。在中国自上而下的课程体系下，教师在既定的课程设置中的自主程度是反映教师职业身份认同的另一个重要方面（Teng，2019）。教师知识和自主性很大程度上又体现在教师实践层面（De Costa，2017）。同时，这三大层面相互关联、相互影响，最终促成了转型中教师职业身份认同的呈现（Kanno & Stuart，2011；Teng，2019）。

3　研究方法

本研究采用了质性案例分析方法。数据来源于华南地区一所大学的专门用途英语项目组。本研究通过该学校项目负责人向专门用途英语教师发放了参与访谈意向调查问卷（2021年2月），最后收到六位教师的受访意愿回复。为保护研究参与者的隐私，本研究对六位教师采取化名：T1、T2、T3、T4、T5、T6。笔

表1　教师背景信息

		T1	T2	T3	T4	T5	T6
1. 专业背景		博士：外国语言学	博士：二语习得	硕士：人力资源管理；应用语言学	博士：外国语言学	硕士：应用语言学	博士：经济学
2. 所教课程	转型前	公共英语	公共英语	公共英语	文学翻译	公共英语	经济学
	转型后	法律英语	学术英语	商务英语；人力资源管理英语	商务翻译	学术英语	会计与经济英语
3. 项目教龄		3年	8年	13年	15年	6年	13年
4. 项目培训		无	无	有，岗中培训，用处不大	无	有，岗中培训，有一点帮助	无
5. 项目研讨会		无	有	无	无	有	无
6. 企业工作经历		无	无	有	有	无	有

者于2021年3月至9月对六位教师进行了一对一半结构化访谈，访谈时长为40至60分钟。经同意，笔者对所有访谈进行了音频录制，并做了访谈记录。访谈结束后，六位教师相继发送了课程教案节段供本研究分析使用。表1为受访教师的背景信息，表2为访谈问题。

表2　访谈具体问题

访谈问题
1. 您当初是为何进入专门用途英语教学领域的？
2. 您认为通用英语和专门用途英语教学有什么不同？
3. 您认为从通用英语/学科教学向专门用途英语教学转型难易度如何？
4. 转型过程中有没有遇到什么挑战？
5. 您认为自己是语言教师还是学科教师？为什么？
6. 您是如何准备专门用途英语教学的？
7. 有没有一些不可控的因素影响到您的专门用途英语教学？
8. 您认为您的工作环境对您的转型有利吗？学校都做了哪些来帮助老师们转型？
9. 您是如何反思您的专门用途英语教学的？
10. 您认为一名合格的专门用途英语教师需要具备些什么？
11. 您如何看待您的专门用途英语教学？
12. 您跟教授专门用途英语的其他老师们（校内外）经常联系吗？以何种方式？
13. 您跟相关学科老师有联系吗？
14. 您会将专门用途英语作为长期的职业发展方向吗？为什么？
15. 专门用途英语教师这个角色对您来说意味着什么？

4　发现与讨论

本研究通过内容分析和逐次逼近法对数据进行了周密分析，发现大学英语教师受内因（教育背景、企业工作经历、对学生的理解、内在驱动力和个人性格、偏好）和外因（政策、课程大纲、课时分配、学校/院支持度、学生水平/学习动机、与同事/专业群体沟通）的影响，在转型过程中的职业身份认同呈现多样性、复杂性和互动性的特点。六位教师中，T2和T5主教学术英语，有教师自发成立的学术英语专属团队。而T1、T3、T4、T6并无专项团队，教师职业身份的动态呈现较T2和T5更为鲜明。故下文以T1、T3、T4、T6为例，分析与讨论转型中教师的职业身份认同。

4.1 教师职业身份认同的多样、复杂性呈现

4.1.1 T1：迎难而上者

4.1.1.1 教师知识

T1只有语言相关的教育背景，在语言方面“完全没问题”，但学科方面“总是充满困惑”。T1表示转型初“学生的学科知识比我还多”“总是非常受挫”。T1的专门用途英语教学因缺乏学科知识而频频受阻：（1）自己对学科的理解有限；（2）被学科专业的学生挑战（Mahendra，2020；Tao & Gao，2018）。这说明，向专门用途英语转型中的教师提供专业培训是当务之急（Mahendra，2020；Qi *et al*，2021）。不过受其教师自主性的影响，T1的教师知识是不断变化发展的。

4.1.1.2 教师自主性

因缺乏学科知识，T1的专门用途英语教学在转型初期总是显得力不从心，这使得T1的反应自主性比较低。但T1却有很高的积极自主性。T1会积极向“有经验的老师”取经，学习并“尽自己所能”利用一切资源研究教材，“深入理解”文本。T1总是主动寻求各种机会提升自己的专业能力，如“尽可能参加相关培训”“多跟同事和学生交流”“尽量挖掘自己在每一门课程的潜力”。T1高度的积极自主性使得该老师在学科知识上的短板得到了补偿。从一开始对学科知识的“一无所知”和“不自信”逐渐变得对专门用途英语教学“越来越有信心”，并表示会将其作为“长期职业发展”的方向。这体现了教师知识和教师自主性之间的关联与互动，说明教师知识并非一成不变。很大程度上，教师的自主能动性会带动教师知识的发展，而教师知识的变化会进一步促进教师的自主能动性。

4.1.1.3 教师实践

转型之初，由于学科知识严重缺乏，T1的课堂教学总是局限于课程和文本本身，教学也仅仅是局限于语言层面。然而，随着T1在此领域的用心积累和自主学习，其学科知识不断增长，在课程设计和课堂教学上也更加灵活、得心应

手。这体现了T1转型过程中教学实践层面的高度积极自主性。但其转型后期的课堂教学在均衡语言和学科的同时，还是“以语言为中心”，因为T1始终认为自己是一名语言教师。

T1的专门用途英语课堂教学始终都是以“教师为中心”。该教师的解释如下：“课堂时间太有限，教师没有时间跟学生互动”“学生的基础差，无法有效与老师互动”“学生喜欢以教师为中心的教学模式”。这说明（1）专门用途英语决策部门应多加关注相关课时分配的合理性和有效性，给予教师充分的课堂教学时间。（2）专门用途英语学习者的基础和水平也应该予以考量，应对该课程所开设的学生群体资质进行有效预评估和分层。（3）中国传统儒家文化下的教师形象：教师是课堂绝对权威已然根深蒂固。政策决定者和实施者更需要从社会文化层面来培训和指导教师，与教师一起探讨如何制定、开展更有效的课程教学。

4.1.2 T4：得过且过者

4.1.2.1 教师知识

与T1相似，T4转型之初只有语言知识，缺乏学科知识。但T4并没有经历过T1“疑惑、不知所措”的阶段。对于T4来说，转型似乎相当顺利，“没有什么难度”；专门用途英语对T4来说只是“自身语言专业技能的延伸”。很明显，T4在专门用途英语教学中把自己看作是语言教师。这说明语言教师如果像T4一样具有专家级出色的语言知识（T4从本科到博士阶段在外国语言学领域的持续深耕，使其获得了扎实、深厚的语言功底），是可以完全胜任专门用途英语教学的。学科知识的不足，在这种情况下，似乎不会成为转型的重大障碍。这与蔡基刚（2016，2019）对于专门用途英语的解读——本质上还是语言教学——不谋而合。另外，T4虽然缺乏学科知识，但其相关的企业工作经历在教学中起到相当大的辅助作用。这在一定程度上，弥补了T4学科知识方面的不足。精湛的语言知识和相关企业工作经历使T4可以轻松地完成转型。

4.1.2.2 教师自主性

如上文所述，T4的顺利转型得益于出色的语言知识和企业工作经历。这使得T4有着较高的反应自主性。即使专门用途英语教学是“学院分派的任务”，该教师也可以很好地应对相关任务，自由把控教学。这在教学内容选材和设计上的体现尤为明显：根据T4多年的企业工业经历，该教师在选材方面比较有针对性，能够自如地决定教学文本取材来源，灵活借用现行大型公司的相关文件，使T4的课堂教学更能与现实接轨。而他本人对此领域“并不感兴趣”，积极自主性太低，在专门用途英语教学上持“差不多就可以”的态度。T4较低的积极自主性在教师实践层面的体现也很明显。

4.1.2.3 教师实践

因为T4的积极自主性太低，该教师课下并没有继续钻研该领域，也不愿主动寻求有关此领域的学习交流机会。这表明了虽然教师具有卓越的语言知识，可以很好地应对专门用途英语教学，但是如果教师的积极自主性很低，那么他在教师实践中的表现也只是应付，不会有太大的发展和提高。此类教师的低职业身份认同的主要原因在于教师的个人偏好和教学兴趣（Huang *et al*，2019；Jafari & Razmjoo，2022）。因此，学校相关决策部门也要关注到教师的教学兴趣和个人偏好。

4.1.3 T3：稳操胜券者

4.1.3.1 教师知识

得益于自己的教育背景（既有语言又有学科背景），同时具备充足的语言和学科知识，转型中的“学科知识”对于T3来说“不是问题”。T3表示“转型并没有什么挑战”。拥有语言和学科双专业教育背景，使得T3具备了得天独厚的资质向专门用途英语转型。此类教师的知识最契合专门用途英语教学的要求。

4.1.3.2 教师自主性

T3一开始就有很高的反应自主性，在准备和教授专门用途英语课程过程中，一直都是思路清晰、有的放矢。同时，该教师还保有高度的积极自主性，课下一直主动钻研、设计课程，时常“与企业保持联系”以获取现实的最新动态、“为学生提供现实商业中原汁原味的素材和信息”。受其高度自主性的影响，该类教师在具体实践中灵活自如，不受限于课程大纲和教材，可以根据“学生的需求和兴趣”自由调整课程的设计、步骤及进度。

4.1.3.3 教师实践

转型过程中，T3一方面具有充足的教师知识，一方面又拥有高度的教师自主性，在教师实践层面，该类教师的课堂教学更能“让学生有更多的参与、互动”，使教学效果得到有效呈现。T3视自己为一名语言教师，课堂教学在均衡语言和学科两方面的同时，仍将重点放在语言上。这又一次说明专门用途英语教学本质上是基于学科文本的语言教学。此类老师始终都表现得自信、淡定、从容，是转型中最理想的教师类型（Qi *et al*，2021）。此类教师应该被纳入新教师专业培训体系，以便帮助、辅导新老师的顺利转型。

4.1.4 T6：且行且谨慎者

4.1.4.1 教师知识

T6只有学科相关教育背景，最初只具有学科方面的知识，缺乏语言方面的知识。转型之初“特别担心自己的语言水平”，害怕自己无法在课堂上“正确地用英语表述”而影响“与学生之间的有效沟通”。T6认为语言知识是她转型的短板：一方面体现在课堂语言的使用；另一方面体现在如何在课程中体现语言层面的知识点。

4.1.4.2 教师自主性

转型之初，T6因为不具备足够的语言知识，在专门用途英语准备和教授中，反应自主性在语言层面尤低。但T6较高的积极自主性——不断加强自我学习，持续收听“英文财经频道”并积极向“语言专业的同事寻求帮助”——使其在语言方面得到稳步提升。语言方面的进步使T6不再担心其在语言方面露怯；渐渐地，T6发现就算没有系统、专业的语言知识，专门用途英语教学“也不是问题”。这又一次证明了教师知识与教师自主性的关联互动。

4.1.4.3 教师实践

出于对课程的责任感，该教师“每天都要逼自己抽出一定时间”来完善自己的课程。这是该教师的积极自主性在实践层面的体现，愿意在专门用途英语领域继续学习、探索。由于该教师将自己视作学科教师，在教师实践层面，其课程设置和课堂教学也是重点突出学科知识。T6的案例说明只具有学科知识的教师，如果具备一定的英语语言水平，也可以教授专门用途英语课程。不过，学科教师需要在语言方面不断学习、精进才更加具备相应资格。学校相关部门也应重视这一类教师在转型过程中的需求，着重从语言方面向此类教师提供专业培训和支持。

4.2 小结

综上可见，不同教育背景的教师转型之初具有不同层次的教师知识，主要有三类：（1）只有语言教育背景的教师，缺少学科知识（T1、T4）；（2）只有学科背景的教师，缺少语言知识（T6）；（3）有语言和学科双专业背景的教师，同时兼具语言和学科知识（T3）。仅有语言教育背景教师倾向于把自己看作语言教师，其课堂教学偏重语言；而仅有学科教育背景的教师则把自己看作学科教师，其课堂教学偏重学科。同时兼具语言和学科教育背景的教师认为自己还是一名语言教师，其课堂教学在兼顾学科的同时依然偏重语言。这说明教师的专业背景和教师对专门用途英语的不同理解会影响教师的角色定位，从而造成不同的职业身份认同；这反过来又影响其在教学实践中的具体呈现。

由不同的教育背景导致的不同的教师知识并不能完全决定教师的不同职业身份认同。当教师知识不足的时候，教师自主性和教师实践在教师职业身份认同构建和呈现上起到了很大作用。T1和T6在转型之初分别缺乏语言知识和学科知识，极度不自信。但两者高度的积极自主性使教师知识得到不断积累和提升，知识短板逐渐得以弥补，教师变得越来越自信、教师实践层面也可以掌控自如，并对此领域保有高度认同感。相较之下，T4虽也缺乏学科知识，但其相关企业工作经历和本身精湛的语言知识足以使其轻松应对教学。因受个人偏好影响，该教师的积极主动性较低，导致其被动教学。T4在教师知识层面虽然并未受阻，相对得以顺利转型，但并未对专门用途英语产生认同。T3具备先天的知识优势，同时又有较高的积极自主性，在教师实践层面精益求精。该类教师是转型最需要的。

5 结语

本研究以社会文化理论为分析视角，着重从教师知识、教师自主性和教师实践三大重要板块入手，通过半结构化访谈和文件分析，探究了中国大学英语教师在从通用英语向专门用途英语转型过程中职业身份认同的动态呈现。本研究为有关教师身份认同的研究提出了一个更加综合的分析框架，为管理决策部门更加有针对性地制定教师职业发展方案提供了实证数据和重点关注方向，从而协助大学英语教师从通用英语向专门用途英语顺利转型。本研究更为在转型中的一线教师提供了实证参考数据，引导教师从知识、自主性、实践三大层面反思自身的课程角色和教学，从而进一步完善个人在此领域的教学和职业发展。

参考文献：

AI B, WANG L F, KOSTOGRIZ A, 2019. Becoming a teacher of business English in China: a critical narrative[J]. Chinese journal of applied linguistics, 42(2): 182-198.

AYAR Z, 2021. Investigating professional teacher identity through ESP courses: voices from three EFL instructors via case studies[J]. Journal on efficiency and responsibility in education and science, 14(4): 204-216.

DE COSTA P I, 2017. Situating affect, ethics, and policy in LTI research[C]//BARKHUIZEN G. Reflections on language teacher identity research. New York: Routledge: 158-163.

EDWARDS A, OGDEN L, 1998. Constructing curriculum subject knowledge in primary school teacher training[J]. Teaching and teacher education, 14(7): 735-747.

GAO X S, 2017. Questioning the identity turn in language teacher (educator) research[C]// BARKHUIZEN G. Reflections on language teacher identity research. New York: Routledge: 189-195.

GAO Y, CUI Y, 2021. To arrive where you are: a metaphorical analysis of teacher identity change in EAP reform[J]. Teaching and teacher education, 104: 1-11.

GUO G, ZHU M, 2019. Identity construction of Chinese business English teachers from the perspective of ESP theory[J]. International education studies, 12(7): 20-27.

HARBON L, 2017. Acknowledging the generational and affective aspects of language teacher identity[C]//BARKHUIZEN G. Reflections on language teacher identity research. New York: Routledge: 176-182.

HUANG J, LOCK K Y N, TENG F, 2019. Autonomy in English language teaching: a case study of novice secondary school teachers in Hong Kong[J]. Chinese journal of applied linguistics, 42(1): 30-20.

JAFARI S M, RAZMJOO S A, 2022. Reconstruction of Iranian medical ESP instructors' professional identity: a grounded theory approach[J]. Iranian journal of English for academic purposes, 11(1): 21-39.

JIANG A L, 2022. Identity work as ethical self-formation: the case of two Chinese EFL teachers in the context of curriculum reform[J]. Frontiers in psychology, 12: 1-11.

JIANG A L, ZHANG L J, 2021. Teacher learning as identity change: the case of EFL teachers in the context of curriculum reform[J]. TESOL quarterly, 55(1): 271-284.

JIANG A L, ZHANG L J, MAY S, QIN L T, 2020. Understanding novice teachers' perceived challenges and needs as a prerequisite for English curriculum innovation[J]. Language, culture and curriculum, 33(1): 15-31.

KANNO Y, STUART C, 2011. Learning to become a second language teacher: identities-in practice[J]. The modern language journal, 95(2): 236-252.

KAYI-AYDAR H, 2015. Multiple identities, negotiations, and agency across time and space: a narrative inquiry of a foreign language teacher candidate[J]. Critical inquiry in language studies, 12(2): 137-160.

LEE I, 2013. Becoming a writing teacher: using "identity" as an analytic lens to understand EFL writing teachers' development[J]. Journal of second language writing, 22(3): 330-345.

MAHENDRA A W, 2020. Constructing identity: experiences of Indonesian ESP teachers in language institute[J]. English language teaching educational journal, 3(3): 229-240.

MARTININGSIH E, 2021. Identity construction of Indonesian non-military ESP teachers' personal experiences: a narrative inquiry[J]. Language-Edu: journal of English teaching and learning, 10(8): 1-24.

MATSUDA P K, 2017. Second language writing teacher identity[C]//BARKHUIZEN G. Reflections on language teacher identity research. New York: Routledge: 240-245.

MEIHAMI H, WERBINSKA D, 2022. Role of action research in ESP teachers' professional identity development[J]. Journal of research in applied linguistics, 13(1): 31-43.

MERISTO M, LOPEZ ARIAS F J, 2020. Challenges in teaching English for specific purposes in Estonian universities[J]. The journal of teaching English for specific and academic purposes, 8(3): 249-263.

QI W, SOROKINA N, LIU Y, 2021. The construction of teacher identity in education for sustainable development: the case of Chinese ESP teachers[J]. International journal of higher education, 10(2): 284-298.

REBENKO M, 2020. Modelling ESP teacher identity in Ukrainian tertiary education[J]. Journal of teaching English for specific and academic purposes, 8(3): 201-213.

TAO J, GAO X S, 2018. Identity constructions of ESP teachers in a Chinese university[J]. English for specific purposes, 49: 1-13.

TENG F, 2019. Autonomy, agency, and identity in teaching and learning English as a foreign language[M]. Singapore: Springer Singapore.

VARGHESE M M, 2017. Language teacher educator identity and language teacher identity:

toward a social justice perspective[C]//BARKHUIZEN G. Reflections on language teacher identity research. New York: Routledge: 43-48.

VYGOTSKY L S, 1978. Mind in society: the development of higher psychological processes[M]. Cambridge: Harvard University Press.

蔡基刚，2016. ESP在中国：昨天，今天和明天[J]. 上海理工大学学报（社会科学版）(2)：106-113.

蔡基刚，2019. 十字路口的我国公共外语教学[J]. 中国大学教学（4）：22-27.

蔡基刚，2021. 公共英语教学定位转移中的专门用途英语教师身份认同研究[J]. 外语教学理论与实践，175（3）: 64-71.

蔡基刚，廖雷朝，2010. 学术英语还是专业英语——我国大学ESP教学重新定位思考[J]. 外语教学（6）：47-73.

黄萍，2022. ESP教师发展的困窘及其模式建构要素探讨：基于合法化语码理论[J]. 中国ESP研究（1）：83-92，125.

李秀英，张艳敏，2022. 面向国际组织人才培养的公共外语教学改革——ESP课程设置探究[J]. 中国ESP研究（2）：8-19，111-112.

王艳，2010. 探析ESP教师角色与教师专业发展[J]. 中国ESP研究（1）：114-120.

中华人民共和国教育部，2010. 国家中长期教育改革和发展规划纲要（2010—2020年）[EB/OL].（2010-07-29）. http://www.gov.cn/jrzg/2010-07/29/content_1667143.htm.

中华人民共和国教育部，2017. 大学英语教学指南[EB/OL]. https://wenku.baidu.com/view/a514b9865ebfc77da26925c52cc58bd63086936d.html?_wkts_=1685427013045.

中华人民共和国教育部，2020. 大学英语教学指南[M]. 北京：高等教育出版社.

作者简介：

翟圣洁　香港中文大学（深圳）讲师、博士。研究方向：外语教学、教师教育、外语教师/学习者身份认同、外语教师/学习者知识及认知、外语教师/学习者自主性、语言课程设置及政策。通信地址：广东深圳龙岗区龙翔大道2001号。邮编：518172。电子邮箱：zhaishengjie@cuhk.edu.cn

（责任编辑：蔡鸿）

内容与语言融合式学习理念下的"师范英语"ESP课程开发*

张 翼 重庆师范大学

提 要：师范院校大学英语课程应有机融入教师教育课程群，切实提高师范生培养质量，为基础教育输送优质师资力量。结合新文科建设对"专业+外语"复合型人才培养的要求，以及《大学英语教学指南》(2020年版)对ESP课程的定位，本文以重庆市某师范院校大学英语课程"师范英语"开发为例，借鉴内容与融合式学习理念下的4C框架，将课程内容"师范性"与教学方法"示范性"进行统合，促进师范生知识、能力和素质的协调发展，凸显高等师范院校大学英语课程教师教育特色。

关键词：内容与语言融合式学习；ESP；课程开发；高等师范院校；教师教育

1 引言

高等师范院校在教师教育体系中发挥着主体地位。为适应教育现代化和建成教育强国要求，教育部、财政部等部委联合发布的《新时代基础教育强师计划》明确提出"推动师范专业特色发展""改革师范院校课程教学内容，改进教学方法手段"(2022：3)等具体措施。

2020年版《大学英语教学指南》(简称《指南》)将大学英语教学主体内容分为通用英语、专门用途英语和跨文化交际三个部分，其中专门用途英语(English for specific purposes，简称ESP)课程被《指南》(2020：20)定义为"将特定的学科内容与语言教学目标相结合，语言教学活动着重解决学生在专业学习过程中遇到的语言问题，以培养与专业相关的英语能力为教学重点"。

* 本文系2021年重庆市本科高校一流外语在线课程建设与应用重点项目"通用师范英语"及重庆师范大学2022年校级一流课程建设项目"通用师范英语"(项目编号：YLKC2022009)的阶段性研究成果。

在上述背景下，高等师范院校ESP课程如何顺应课程改革趋势，从课程设置、教学内容、教学方法等方面整合英语教学与非英语学科内容，凸显教师教育专业特色，助力师范生培养质量提高，成为急需探讨与解决的问题。

《指南》对ESP课程“将特定学科内容与语言教学目标相结合”这一定位，与最早兴起于欧洲的“内容与语言融合式学习”（content and language integrated learning，简称 CLIL）理念相一致。该理念指导下的课程开发框架对师范院校ESP课程从需求分析、内容选定和教学活动设计等方面有现实指导意义。本研究以重庆市某地方师范院校大学英语课程“师范英语”开发为例，探讨师范院校如何在CLIL理念下，融合教师教育与英语教学，促进ESP课程开发理论与实践的双向互动。

2 内容与语言融合式学习理念与4C课程开发框架

2.1 内容与语言融合式学习理念

内容与语言融合式学习理念（简称CLIL理念）于20世纪90年代中期发端于欧洲，是一种整合内容和语言的双重聚焦教学方式（Coyle，2007）。Coyle *et al*（2010：1）将CLIL定义为“一种以外语为媒介讲授和学习学科内容及该门外语的教学方法”。

传统外语教学存在将非语言学科教学与语言教学割裂的弊端，导致学习者实际运用外语的水平无法适应其走上工作岗位后职场对他们的要求。而CLIL最显著的特点就在于融合：通过课堂教学的双重聚焦，语言与非语言学科内容得以有机结合，两者学习地位同等重要。在谈及CLIL较之传统外语教学的优势时，周笃宝（2004）认为，外语与学科教学相结合时，其效率要比单一的语言学习方式高。皇甫全、李灵丽（2015：17）认为CLIL理念“发展学生人际交往和学术认知双重语言能力，使其掌握学科内容的同时习得语言”。Bentley（2019）进一步指出，在CLIL课堂上，学科内容和新语言被同步教授，过程中还整合了思维和学习技能训练，因而赋予学习者一种异于以往大多数外语课堂的学习经历。

因此，相较于偏重语言的传统外语教学模式，CLIL具有促进语言、非语言学科、思维等多维度协同发展的独特优势。Coyle *et al*（2010：27）用“协同效应”（synergy）一词来描述CLIL所具备1+1>2的教学潜势。但她同时也强调这种效应不会因上述维度的简单叠加而自动产生，而是需要构建一个经由非母语/外语进行整合式学习的概念性理论框架来促进其效能达成。

1.2 CLIL理念下的4C课程框架

从整体观视角出发，Coyle（2007）提出了4C框架，旨在整合语言、非语言学科、思维等各要素，为CLIL理念指导下的课程开发和课堂教学提供路径参照。该框架涵盖内容（content）、交际（communication）、认知（cognition）和文化（culture）。4C框架如图1所示。

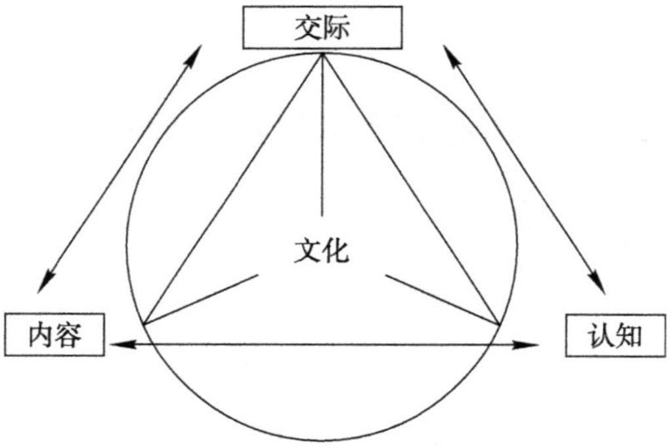

图1　4C框架（Coyle, 2007：551）

具言之，4C框架中的“内容”既可指单一学科，如地理、经济、历史等，也可以是国家公园探索、全球变暖等跨学科主题；“交际”指运用非母语进行学习和交流；“认知”包含学习能力和思维能力，以学习者运用学习策略解决具体问题和发展高阶思维等为指标；“文化”即指学习者对母语和非母语文化的社会认知，强调跨文化交际的意识培养和能力构建。

4C框架中的四要素既有其各自特征及定位，又通过不同层面的整合而互为关联，包括整合内容与认知的学习层面、整合交际与多元文化的语言学习层面以及跨文化体验层面。其中，文化是该框架的主线，串联各个要素，贯通所有层面。

4C框架及其内容、认知、交际和文化各要素的关联性，以点带面、多层融合，为CLIL理念下的课程开发、学习效果评估、师资培训等活动提供了方向性指导。李灵丽等（2016：113）认为以CLIL为指导的课程开发，必将引领外语教育课程与教学创新走向“整合”时代。夏蓓蓓（2019）从高校双语教师专业化发展视角，认为4C框架对该群体入职资质认定、在职培训等方面有一定借鉴意义。李灵丽、皇甫全（2022）进一步指出，在2021年教育部发布《新文科研究与改革实践项目指南》背景下，新文科理念对培养“专业+外语”复合型人才的要求，实质上也是CLIL范式下的实践活动。

在对ESP主要分支进行综述和探讨时，杨瑞英等学者（2021）对学术英语、商务英语、法律英语、医学英语和高职英语的教学理念、设计等方面进行了介绍，同时指出近年来国内学者对新理念具体实施的研究相较于对其教学应用性的探讨稍显不足。

从学科专业，亦即4C框架中的“内容”角度来说，教师教育不属于上述任何一个分支。因此，ESP的“专门性”理应拓展到教师教育领域，探讨CLIL范式下“教师教育+英语”的教学实践。

3 教师教育专业化与师范院校ESP课程目标及特点

3.1 教师教育专业化

Shulman（1987）将特定学科知识与一般教学法相结合，首次提出了学科教学知识（pedagogical content knowledge）这一概念，体现了教师职业的专业性特征，也为教师教育的专业化奠定了理论基础。

宋萑（2022）认为教师教育专业化的实现，离不开专业化标准体系和评估机制的建立。就职前教师培养而言，国家先后出台《中学教育专业认证标准》和《师范生教师职业能力标准》等文件。以《中学教育专业认证标准（二级）》（教育部，2017）为例，其中对师范类专业制定了包括践行师德、学会教学、学会育人和学会发展四个方面的毕业要求。

就国家对教师教育专业化的重视和推进来说，2024年1月发布的《研究生教育学科专业简介及其学位基本要求（试行版）》将教师教育学正式列为教育学下的二级学科。这对教师教育人才培养、理论研究、课程开发等具有重大意义和深刻影响。

3.2 师范院校ESP课程目标及特点

教师教育学是一门研究教师培养、入职和专业发展规律，为教师教育政策制定和实践活动开展提供科学依据和有效指导的基础性、应用性的复合型学科。

作为一种教学理念，ESP以学习者目标和需求为导向。《大学英语教学指南》（2020：6）指出，“各高校应以需求分析为基础，开设体现学校和专业特色的专门用途英语课程”。因此，为满足职前教师培养需求，师范院校ESP课程应面向师范专业学生，对标“一践行三学会”毕业要求和师范生能力标准，体现教师教育专业特色，将教师教育内容与英语教学相结合，以培养“教师教育+英语”复合型人才为目标。

4 4C框架下的“师范英语”课程开发

杨瑞英等（2021）指出，课程设计关乎教学是否能满足学生的实际需要，是ESP教学的核心。Coyle *et al*（2010）强调4C框架下的课程开发必须考虑具体的“情景”，以及在该情景中各要素的共生关系。在师范院校ESP课程，亦即“师范英语”中，语言、认知和跨文化交际三要素应囊括于教师教育课程情景之下，突出内容“师范性”；在教学方法上应彰显“示范性”，为师范生提供课堂教学情景中的实践操作方法。

4C框架因其系统性和融合性特点，为“师范英语”课程实现统合“师范性”及“示范性”提供了方法和路径。

4.1 突出“师范性”的课程内容选择

Woodrow（2022）认为内容在ESP课程中的角色至关重要。而教学内容契合学生需求相关学科、职业也是ESP必要属性之一，是课程“专门性”的体现（Johns & Dudley-Evans，1991）。

“师范英语”课程内容编排对应了师范类人才培养国家标准。以《师范生教师职业能力标准（中学）》为例，其内容涵盖师德践行能力、教学实践能力、综合育人能力和自主发展能力四大方面，包括遵守师德规范、掌握专业知识、学会教学设计等10个小项（教育部，2021）。

从教师职前职后一体化培养角度考量，作为师范生未来从教重要参考标准的中小学课程方案及大纲也应纳入“师范英语”课程内容。例如，2022版《义务教育课程方案》中，提出“开展跨学科主题教学，强化课程协同育人功能”“积极探索新技术背景下学习环境与方式的变革”等内容（教育部，2022）。对标以上指导性文件，“师范英语”课程设计了教师专业发展、教学理念等单元学习内容（见表1）。

表1 “师范英语”课程单元内容

单元	话题
1	教师专业发展
2	教学理念
3	教学风格与课堂教学模式
4	备课
5	教学目标撰写
6	可视化教学手段
7	教学评价
8	跨学科教学
9	教育技术融合

以上单元话题，保证了“师范英语”课程内容的科学性和系统性，为师范生获取学科教学知识、发展教学能力提供了基础，是课程“师范性”的体现。

4.2 凸显“示范性”的教学方法设计

契合师范生教育学科和职业情景特征的学习内容为课程“师范”专业属性提供了知识基础和语言载体。但有学者（韩刚，2008；蒋宇红，2016）指出，教师教育课程不应仅向学生提供有关教育教学的概念性知识，更需要帮助他们在具体情境中，将上述概念性知识转化为实践性知识，进而指导其开展教书育人工作。为实现上述转化，“师范英语”课程通过适切的教学方法推动学习活动开展，确保有效学习发生。

Georgiou（2012）指出，CLIL理念本质上是一种将普通教育学和外语教育两个领域各自“最优”教学思想与方法进行融合的产物。杨瑞英等学者（2021：100）认为，ESP教学与专业学科或职场相关的特征，要求该类课程“在学习活动设计上借鉴其相关专业学科的教学方法或任务类型”。在4C框架下，“师范英语”引入普通教育学和外语教学相关理念和方法，将内容、认知、交际和文化融合于课堂，为师范生做好教学“示范”。

4.3 整合内容与认知的学习活动设计

Anderson & Krathwohl（2001）在Bloom等学者（1956）研究基础上，将学习领域的认知过程目标从低阶到高阶修订为记忆、理解、运用、分析、评价和创造六个层次，为教师明确和设定教学目标以及相应的学习活动提供了一个科学的分类模型。

遵循这一路径，“师范英语”以低阶到高阶的认知过程设计每个单元的学习活动。以“教学理念”单元为例，本章介绍了“学习者为中心”概念、代表人物及主张、课堂活动特征等内容，其活动设计见表2。

表2　学习活动内容及对应认知层次示例

活动编号	活动内容及要求	认知层次
1	将代表学者及其主张连线	记忆
2	定位信息，回答教师角色、活动目的、激发动机原因等问题	记忆/理解
3	完成行为主义、认知主义等概念、教学策略的表格信息补全	理解
4	判断教学片段中授课教师所用教学策略，分析其教学理念并说明原因	运用/分析
5	根据图表对比“学生中心”和“教师中心”两种理念并评价各自的优点和局限	分析/评价
6	分析教案教学流程，评价其体现“以学生为中心”的程度	分析/评价

上述活动有助于师范生对“学习者为中心”从概念到课堂教学策略形成清晰理解且能够运用上述知识进行案例分析和教学设计，进而在教学中践行该理念。

同时，学习活动所构成的任务链也为学生再现了新知识转变为个人能力的过程，为其提供了情景化的教学路径参照。

在实际教学中，学生认知从低阶到高阶的发展往往并非以直线推进。Bruner（1960）提出的螺旋式课程理念认为，学习过程中对相同概念或话题的再现和认知层次的逐渐深入，既有助于学习者巩固该前置知识，又能为其后续学习奠定基础。“师范英语”除了在单元内活动之间体现认知层次的由浅入深，各单元话题之间也有相互照应。

以第五单元“布鲁姆教育目标分类学”这一知识点为例，该知识点在第六单元“可视化教学手段”及第七单元“教学评价”章节中均得以复现和深化（见表3）。

表3 螺旋式课程理念下的学习内容复现示例

知识点	单元及话题	涉及知识点活动	认知层次
布鲁姆教育目标分类	五、教学目标撰写	金字塔图目标动词填写/示例教案教学目标分类	记忆/运用/分析
	六、可视化教学手段	思维地图与认知层次连线	运用/分析
	七、教学评价	“教学评一体化”理念下的目标与评价手段对应	运用/分析/创造

螺旋式课程理念与《论语》中“学而时习之”“温故而知新，可以为师矣”等教学主张不谋而合。师范生在前后关联的学习活动中不仅能掌握教学知识、发展认知技能，也能亲身体验作为教师帮助学生“温故而知新”的必要性。

4.3.1 融通三类层次的语言处理

整合内容与认知的活动促进了学生对“师范”内容——教师教育知识和实践能力的发展。但要促成CLIL协同效应的生成，“英语”学习也同样需要聚焦。Vygotsky（1978）认为高阶思维能力是在人与社会环境的一系列中介里面产生的，而语言是最为重要的中介。孙有中（2019）指出，语言不仅是思维的工具，也是通过社会互动得以发展的一种能力。在4C框架下，通过运用非母语进行学习和交流，语言既是学习工具，也是交际手段。

Coyle（2010）构建了语言三联模型（language triptych），将语言按照其在CLIL学习各阶段所起作用分为学习的语言（language of learning）、为学习服务的语言（language for learning）和通过学习获得的语言（language through learning），如图2所示。

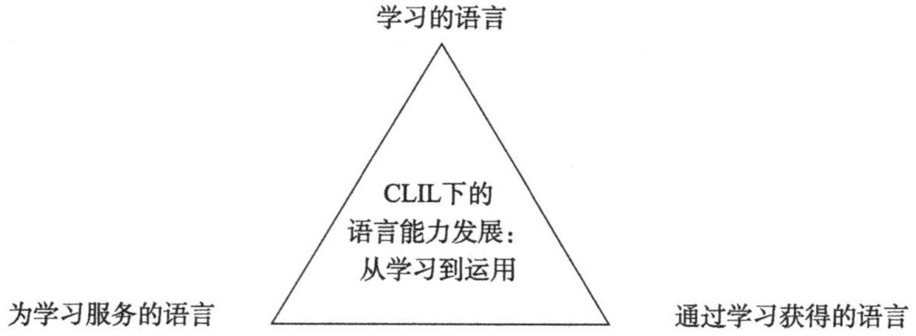

图2　CLIL模式下的语言三联模型（Coyle, 2010：36）

学习的语言包括学习者理解所学内容相关术语、概念时所需词汇、句法结构等项目；为学习服务的语言较前者更为宽泛，涉及学习过程中有效运用学习策略以及借助语言进行合作、提问、探究等技能；通过学习获得的语言即学习过程中产生的新语言，它源自社会文化研究视角下，学习需要语言和思维介入方可发生的主张。三类语言遵循知识输入到输出的过程，在认知层次上也呈现出递进性。

“师范英语”课程涉及教师专业发展、教学理念、教学评价等专业术语和概念。以上属于学习的语言范畴，也是完成本课程学习的基础。但杨瑞英等（2021）指出，除了解释专业知识点，ESP教师更需要设计课堂任务来引导学生讨论、探究专业语境与语言表达之间的关系，这恰恰与Shulman（1987）所强调的教师不仅要了解所讲授学科知识体系，还需借助课堂语言，用类比、比喻、举例、解释等方式和手段帮助教学对象理解和接受上述知识的主张相一致。他认为只有结合以上两者，从“教什么”到“如何教”，才能促进学科教学知识的产生。

在“师范英语”课堂中，教师教育这一专业语境下的英文语篇首先是学科知识载体，可视为对学习的语言加以理解和掌握；在教师引导下以认知递进式活动，对语篇中诸如类比、举例、数据引用等特定结构的语用功能分析和讨论则凸显了语言为内容学习服务的效用；而以情景迁移运用为目的的口头与书面任务输出，则体现了以为学习服务的语言为中介，将上述知识转化为新的语言与能力的学习过程。

例如，课程第三单元“教学风格与课堂教学模式”板块设计了如下三个活动：

A. Summarize the benefits and limitations of Project-based Learning (PBL) with the help of the table.

B. Locate the words and expressions describing benefits and limitations in Passage Two and put them in the box below. Then work in pairs to add more words and expressions that you know.

C. Work in groups of four to discuss the benefits and limitations of the teaching models mentioned in Passage Two. Try to use the words and expressions in the above exercise.

活动A旨在引导学生理解篇章内容，借助可视化工具概括其中有关项目式学习的优势和局限；活动B聚焦语篇中讨论项目式学习、探究式学习等课堂教学模式各自优势和局限时所运用的英文表达，如work well, grant control over, a potential drawback is等，帮助学生识别语言结构、分析其语篇功能；活动C则要求师范生运用上述语言结构小组讨论篇章中课堂讲授、翻转课堂、合作学习等教学模式的优劣，从而能够将各种课堂教学模式加以辩证运用。

在上述衔接三类语言层次的学习过程中，师范生将指向“语言”的语篇知识转化为“内容”相关的学科教学知识以及教学技能，从“学会学习”到“学会教学”，最终变language for learning为language for teaching。

4.3.2 兼顾课程思政的跨文化体验构建

4C框架强调跨文化交际意识和能力，包括学习者对母语和非母语文化的社会认知。在面对不同文化背景的学生，或身处国际教育环境中时，教师不仅要提高语言能力，还需培养跨文化沟通的敏感性和适应力。“师范英语”选文为学习者提供了地道的英语语言文化素材，但对中国文化呈现则显不足，需从活动设计的角度加以强化。例如，课程第五单元“教学目标撰写”篇章强调在制订教学目标时要参考布鲁姆分类法和当地教育政策。通过让师范生翻译各自专业所对应国内基础教育学科课程标准中的课程总目标并探讨总目标与课堂教学目标的关系，准教师得以了解国家课程方案和学科课程标准的主要内容并充分认识到其对包括制订教学目标在内的教师日常教学行为的指导意义。又如课程第九单元“教育技术融合”话题介绍了人工智能、社交软件、虚拟现实等新兴技术手段。在理解、分析各种技术手段优劣基础上，课程引导学生运用中国古代“道、法、术、器”辩证关系的哲学思想，更为理性、全面地思考教学基本原理、学科教学方法、教育技术及工具在课堂教学中有效融合的问题，构建了从古至今、融汇中西的跨文化、思辨性学习体验。

新时代对我国高等教育落实立德树人根本任务和课程思政提出了新要求。“指南”也要求大学英语教学融入学校课程思政教学体系，使之在高等学校落实立德树人根本任务中发挥重要作用。黄国文（2020：27）认为，绝大多数外语课程，其内容都并非显性的“思政”语篇，但在中国的语境中，对于所有类型的语篇都可以“从思政视角思考”。为此，“师范英语”课程引导学生针对语篇中与中华文化，尤其是教育相关概念、人物、主张等进行分析、对比和评价。例如，课程第一单元《如何培养一名好教师》篇章概括介绍了“合格教师”应具备的三方面特征。通过将上述特征与“四有好老师”标准的对比，师范生得以了解不同文化、不同时代对教师的要求，据此明确我国新时代教师的发展方向，以“能力标准”为基础，制定自己的专业行动计划。

从语篇出发，上述活动融内容、语言、文化、认知于课程学习，从跨文化沟通和课程思政视角，以层次丰富的交际体验，帮助学生发展教学情境下的英语语言运用能力，同时也汲取东、西方教育智慧，自觉践行立德树人根本任务，传承师道、涵养师德、发展批判性思维。“师范英语”课程活动的过程“示范性”由此得以体现。

5 结语

新文科建设为培养适应新时代要求的“专业+外语”应用型复合型人才提出了新要求和新挑战。CLIL理念应时代变革而生，旨在满足世界各国对未来国际化复合型人才培养日益增长的需求和可持续发展愿景。

Graves（2005）将课程设计描述为一套系统，各要素相互影响、互为制约。Coyle *et al*（2010）强调4C框架下内容、交际、认知和文化的相互融合都必须在具体的情景（context）下展开。"师范英语"是在国家加强教师教育体系建设情景下，结合当前师范生培养要求，融合教师教育、英语、认知和跨文化交际四要素，借鉴普通教育学和外语教学相关理论及方法所进行的一次课程开发实践。内容"师范性"和方法"示范性"是该课程的突出特点。

教师教育与发展的核心任务是帮助教师学习如何开展教学工作（张凤娟、杨鲁新，2016）。要达成这一任务要求，教师教育课程必须能够作用于教师这一学习主体。亦如韩刚（2008）所言，在课程与人的关系中，应该把对教师"人"的理解作为教师教育课程基点。CLIL理念下的"融合"，不仅体现在内容、语言、认知和跨文化交际等课程的"客体"层面，作为"主体"之一的教师也应在课程建设过程中开展广泛的协作。这样的协作既涉及横向的大学英语教师、英语专业教师和其他专业学科教师多个群体；在大中小学一体化教育理念下，高校教师也应与基础教育学段教师开展纵向的教、学、研一体化协作，以基础教育改革目标和高等院校师范生毕业要求为导向，促使教师教学行为和学生学习方式发生深刻变化，促进学生德智体美劳全面发展。

参考文献：

ANDERSON L W, KRATHWOHL D R, 2001. A taxonomy for learning, teaching, and assessing: a revision of Bloom's taxonomy of educational objectives[M]. New York: Addison Wesley Longman.

BENTLEY K, 2019. Cambridge English: the TKT course CLIL module[M]. Beijing: Foreign Language Teaching and Research Press.

BLOOM B S, ENGELHART M D, FURST E J, HILL W H, KRATHWOHL D R, 1956. Taxonomy of educational objectives: the classification of educational goals; handbook I: cognitive domain[M]. New York: David McKay.

BRUNER J S, 1960. The Process of education[M]. Cambridge: Harvard University Press.

COYLE D, 2007. Content and language integrated learning: towards a connected research agenda for CLIL pedagogies[J]. International journal of bilingual education and bilingualism,10: 543-562.

COYLE D, HOOD P, MARSH D, 2010. CLIL Content and language integrated learning[M]. Cambridge: Cambridge University Press.

GEORGIOU S I, 2012. Reviewing the puzzle of CLIL[J]. ELT Journal, 66: 495-504.

GRAVES K, 2005. Designing language courses: a guide for teachers[M]. Beijing: Foreign Language Teaching and Research Press.

JOHNS A, DUDLEY-EVANS T, 1991. English for specific purposes: international in scope, specific in purpose[J]. TESOL quarterly, 25: 297-314.

SHULMAN L S, 1987. Knowledge and teaching: foundation of the new reform[J]. Harvard educational review, 15: 4-14.

VYGOTSKY L S, 1978. Mind in society: the development of higher psychological process[M]. Cambridge: Harvard University Press.

WOODROW L，2022. 专门用途英语课程设计[M]. 北京：外语教学与研究出版社.

韩刚，2008. 课程与人：职前英语教师的个人成长[M]. 北京：外语教学与研究出版社.

皇甫全，李灵丽，2015. 新兴课语整合式学习的有效实施策略[J]. 外语界（3）：16-24.

黄国文，2020. 思政视角下的英语教材分析[J]. 中国外语（5）：21-29.

教育部高等学校大学外语教学指导委员会，2020. 大学英语教学指南（2020版）[M]. 北京：高等教育出版社.

蒋宇红，2016. 教师知识[C]//徐浩. 外语教师教育重点问题研究. 北京：外语教学与研究出版社：1-30.

李灵丽，皇甫全，曾文婕，2016. 新兴课语整合式学习的课程开发原理与方法[J]. 课程・教材・教法（12）：107-114.

李灵丽，皇甫全，2022. 复合型外语人才培养的课程设计整体模式：课语整合式学习视角[J]. 外语界（1）：22-29.

宋萑，2022. 教师教育专业化与教师教育体系建设[J]. 国家教育行政学院学报（7）：40-47.

孙有中，2019. 思辨英语教学原则[J]. 外语教学与研究（6）：825-837.

夏蓓蓓，2019. CLIL 4Cs教学框架对中国高校双语教师专业发展的启示[J]. 江西师范大学学报（哲学社会科学版）（5）：140-144.

杨瑞英，姜峰，董记华，2021. 专门用途英语新发展研究[M]. 北京：清华大学出版社.

张凤娟，杨鲁新，2016. 教师研究的社会文化视角[C]//徐浩. 外语教师教育重点问题研究. 北京：外语教学与研究出版社：242-259.

中华人民共和国教育部，2017. 教育部关于印发《普通高等学校师范类专业认证实施办法（暂行）》的通知[EB/OL].（2017-11-06）[2022-09-10]. http://www.moe.gov.cn/srcsite/A10/s7011/201711/t20171106_318535.html?eqid=fbc937ad0000423100000006645cfbab.

中华人民共和国教育部，2021. 教育部办公厅关于印发《中学教育专业师范生教师职业能力标准（试行）》等五个文件的通知[EB/OL].（2021-04-12）[2022-09-12]. http://www.moe.gov.cn/srcsite/A10/s6991/202104/t20210412_525943.html.

中华人民共和国教育部等八部门，2022. 教育部等八部门关于印发《新时代基础教育强师计划》的通知[EB/OL].（2022-04-13）[2022-09-10]. http://www.moe.gov.cn/srcsite/A10/s7034/202204/t20220413_616644.html.

中华人民共和国教育部，2022. 义务教育课程方案[M]. 北京：北京师范大学出版社.

中华人民共和国国务院学位委员会，2024.《研究生教育学科专业简介及其学位基本要求（试行版）》[EB/OL].（2024-01）. https://www.acge.org.cn/encyclopediaFront/enterEncyclopediaIndex.

周笃宝，2004. 双语教学与语言—内容融合学习教学法[J]. 比较教育研究（6）：28-32.

作者简介：

张 翼 重庆师范大学外国语学院教师教育教研室讲师。研究方向：教师教育、外语教材开发。通信地址：重庆市沙坪坝区大学城中路37号。邮编：401331。电子邮箱：115089614@qq.com

（责任编辑：李莉文）

突出院校特色的ESP教材编写 ——以《师范英语》为例

张　翼　重庆师范大学
谭小勇　重庆师范大学

提　要：内容与语言融合式学习（CLIL）强调在学科内容教学中融入语言学习，完全符合我国“新文科”建设跨学科融合以及ESP教学培养职业英语能力的目标要求。本文以外语教育学和教师教育学两门学科的交叉点为基础，探讨在CLIL理念指导下编写师范院校ESP教材的策略，并以《师范英语》为例，介绍其编写背景、理论依据、内容编排和活动设计等。

关键词：ESP教材；师范院校；CLIL；《师范英语》；“圈输入”策略

1　引言

新文科建设旨在通过整合文、理、工等学科的知识和方法，培养具备广博知识和创新能力的复合型人才。这一理念也体现在外语学科建设中，推动理论创新，实现学科交叉（黄国文，2023），打破壁垒，推动融合发展，培养“外语+”的复合型人才（王俊菊，2021）。

外语学科教材研究作为其中重要组成部分，需要不断探索新的理论和方法，对于培养具有高综合素质的国际化人才和推动学科可持续发展具有重要意义（霍炜、王雪梅，2023）。随着跨学科融合需求的增长，传统的外语教育理论已不足以应对这些需求（袁筱一，2023），需要在新文科建设框架下创新思路。

内容与语言融合式学习（content and language integrated learning，简称CLIL）理念将语言学习与专业内容相结合，为跨学科视野下的ESP教材开发提供了新思路。本文旨在探讨如何在CLIL理念和“新文科”建设要求指导下开发适合师范院校的ESP教材，以《师范英语》（张翼，2021）为例，分析体例、活动设计及编写理念等，提出该类教材的开发建议，为ESP教材设计提供借鉴思路。

2　CLIL理念与ESP教学的互补关系

传统的通用英语教学不能有效结合各校人才培养目标和学生专业特点，导致外语人才培养“千校一面”，同质化问题突出（宁琦，2021），而结合专业知识学习英语有助于学生明确目标、提高兴趣和语言学习效率。ESP成为当前国内大学英语教学改革的热点领域，《大学英语教学指南》（2020）要求ESP类课程将特定学科内容与语言教学目标结合，着力培养学生与专业相关的英语能力。

CLIL于20世纪90年代在欧洲兴起，旨在应对欧盟一体化对多语言和多元文化素养人才的需求（Morton，2024）。它超越语言学习领域的孤立性，强调在教学中同时注重学科内容和语言学习，实现以上两类学习目标的双聚焦（Coyle *et al*，2010）。

研究表明，将CLIL教学元素整合到以语言为中心的ESP课程中能够促进学生在专业领域的语言与内容学习（Tzoannopoulou，2015）；而ESP教学特有的需求与体裁分析有助于增强CLIL课程中语言教学的显著性（Martín del Pozo，2017）。

ESP专注于特定领域的语言需求，而CLIL则是通过教授非语言学科内容来提高语言能力。两者在教学实践中有很多相互借鉴之处：ESP可以通过CLIL的内容整合理念来丰富语言的应用情境，而CLIL则可以借助ESP的专门语言训练来强化语言教学的目标导向性。因此，在教学理念层面，它们形成互补关系。将CLIL理念应用于国内ESP教学研究，不仅有助于各高校在外语人才培养上凸显各自定位和专业特色，也能以学科融合之力推动ESP教学乃至外语教育从课程设计、教材开发到教师培训等领域的提质升级，助力新文科建设。

3　跨学科视野下的ESP教材开发

教材既是课程载体，也是教师教学和学生学习的重要资源（孙有中，2021）。教材开发是一项理论指导和驱动下的实践活动（Tomlinson，2012）。一方面，缺乏理论指导的教材编写实践存在盲目性，难以帮助学习者有效达成课程目标（文秋芳，2023）；另一方面，教材有利于新的教学理念与方法的推广（程晓堂、孙晓慧，2011）。

教材开发应紧跟教育发展趋势，不断创新。在学科交叉融合背景下，外语教材开发者需以跨学科视野开发大学英语各类ESP课程专用教材，为培养具有跨学科能力的外语人才提供内容与方法支持。然而，当前我国ESP教材存在语言与专业知识结合不足、内容系统性欠缺等问题（王艳，2011）；同时，我国现有外语教材编写在理论深度和跨学科整合方面存在不足，尤其需加强在语言学、应用语言学、教育学和心理学等领域的融合（戴炜栋，2023），应该以需求为导向，开发具有地方和院校特色的跨学科外语教材（徐锦芬，2023）。

中华人民共和国教育部等八部门（2022）指出，师范院校的首要职责是培养合格教师。因此，师范院校的大学英语ESP教材应突出教师教育特色，在外语教学和教师专业化发展等理论框架下，融合语言内容与教育学等专业知识，综合提升学生的英语语言能力与教师职业能力。

4 CLIL理念下的《师范英语》教材编写

4.1《师范英语》编写目的及适用对象

需求分析是ESP课程及教材设计的中心环节。《师范英语》主要满足《大学英语教学指南》（2020）中提高目标和发展目标的教学要求，使用对象为师范院校非英语专业本科及研究生。Dudley-Evans & St John（1998）认为ESP教材应紧密围绕学习者的具体职业环境，帮助其在特定语境中掌握必要的语言技能。在全球化背景下，越来越多的国内高校乃至中小学强调国际化教育，要求教师具备双语甚至全英文授课的能力。《师范英语》目标是满足国内教育领域对双语教师的需求，为师范生未来在国际教育交流、国际学校任教等方面提供语言支持。同时，将CLIL理念引入《师范英语》教材开发，有助于培养师范生学科教学乃至跨学科教学的能力，不仅提升师范生英语水平，还可以帮助他们在真实教学场景中运用英语教授不同学科的内容。

4.2《师范英语》教材特点

4.2.1 标题设置情景化

为突出教师教育特色，《师范英语》依据师范类人才培养国标，对接国家现行中小学课程方案，遴选了教师专业发展、教学理念、教学评价、跨学科教学等九个话题作为知识学习内容，体现该教材"师范性"内容特征。

教材设计应该将知识置于一定的生活场景、问题情境或思想语境中，便于学生将客体知识转化为个人素养（郭晓明、蒋红斌，2004）。结合CLIL教材编写原则（Mehisto，2012；Medina，2016）对激发学习兴趣与动机和发展高阶思维的要求，《师范英语》将九个话题学习内容分别以设问、对比、类比等形式设计为单元标题，在情景中引入话题、激发学习者思考、形成学习期待和预设（见表1）。

表1 《师范英语》单元标题及相应学习内容

单元	标题	话题
1	Teachers: Nature or Nurture?	教师专业发展
2	Educating: Teacher-centered or Learner-centered?	教学理念
3	Teaching Styles and Models: From Theory to Practice	教学风格与课堂教学模式
4	Lesson Planning: Well Begun Is Half Done	备课
5	Teaching Objectives: To Begin with the End in Mind	教学目标撰写
6	Visual Thinking Tools: A Common Language for Teaching	可视化教学手段
7	Assessment: Of Learning, for Learning or as Learning?	教学评价
8	Binding Teachers Together: Challenges or Opportunities?	跨学科教学
9	Technology in Education: Embrace It or Get Replaced by It?	教育技术融合

可以将以上单元标题视为学习脚手架：在新单元开始前，教师通过启发学生结合标题进行预测和讨论，引导他们为接下来的学习做准备。通过单元学习，学生检测、强化或提升该主题下的相关知识与技能。在单元的评价和反思环节，教师引导学生回归标题，结合自身学习效果，对单元内容及与其他单元关联度进行分析和评价。这种启发式教学方式能够提高学习者的自主性与思辨能力。例如，教材第二单元以"Educating: Teacher-centered or Learner-centered?"为题介绍了以学习者为中心和以教师为中心的两种教学理念；第三单元涉及的学习风格和课堂

教学模式是对两种理念的回应和教学实现，因此该单元标题“Teaching Styles and Models: From Theory to Practice”及反思环节设计的其中两个问题：“What is the connection between the content of Unit 2 and that of Unit 3?”“Why is Unit 3 entitled ‘Teaching Styles and Models: From Theory to Practice?’”能够帮助师范生厘清教学理论与课堂实践的相互关系，在理论指导下开展教学活动。

4.2.2 目录编排双聚焦

教材目录是学习路线图。CLIL教材要让包括学科内容、语言、学习策略等学习意图和过程可见（Mehisto，2012）。随着情景化标题的引入和展开，《师范英语》开篇以包含单元标题、教材语篇、教育教学知识与技能、语言技能和学习策略以及知识复现五个版块的综合目录以及每个单元标题之后的“学习目标”形式，向使用者展示各单元涉及的学习内容及所要达成的目标。这其中，“教育教学知识与技能”及“语言技能和学习策略”是教材核心，体现CLIL理念的双聚焦特点（见表2）。

表2 《师范英语》教材目录节选

Units	Topic-related Knowledge & Skills	Content-based Language Skills
UNIT 6 Visual Thinking Tools: A Common Language for Teaching	· differentiate mind maps from Thinking Maps · summarize the benefits of employing graphic organizers in teaching/learning · apply mind maps and Thinking Maps to teaching/learning	· select proper key words to draw mind maps and Thinking Maps · connect thinking and language through visualization
UNIT 7 Assessment: Of Learning, for Learning or as Learning?	· identify misconceptions about testing and interpret solutions · distinguish formative assessment from summative assessment · categorize testing types as means to assess skills and means to assess knowledge	· use analogies and metaphors in communication

如表2所示，教材第6和7单元分别涉及“可视化教学手段”及“教学评价”

两个知识点。在教育教学知识与技能发展方面，通过第6单元学习，学生学会区分思维导图和思维地图两种可视化教学工具，进而运用上述工具辅助教学和学习；第7单元帮助学生认识教学评价常见误区，学会选择合适的评价方式来获取教学反馈并促进学习。从英语语言技能和学习策略培养来看，在ESP教材编写时，应该借助语篇分析手段确定目标场景中普遍使用的语言结构，以此为参考选定相应语言学习项目（Woodrow，2022）。因此，《师范英语》在引导学生理解英文语篇、获取教育教学知识的同时，聚焦其中的典型语言结构，如绘制思维导图及思维地图过程中关键词的选择与概括以及如何灵活使用类比与比喻等，提升学生的英语语言能力。

4.2.3 单元设计板块化

周利君（2016）总结国内外教师专业发展模式，构建了APAR教师发展模型，该模型包含四个环节：意识唤醒（awareness）、输入—分析—总结（presentation）、实践应用（application）和反思提升（reflection）。四个环节相互独立又彼此依存，形成教师专业发展的逻辑路径。

《师范英语》将APAR模型适用范围拓展到职前教师培养领域，用于所有单元的板块设计并结合教材篇章这一媒介进行优化（如图1所示）。

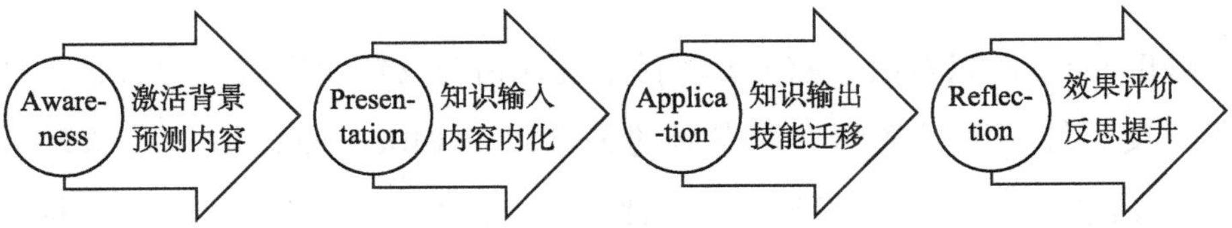

图1 《师范英语》APAR单元板块设计

在Awareness环节，结合CLIL教材编写激活学习者先前知识、考虑学习风格差异等要求，《师范英语》运用多种方式和媒介来实现上述目标。例如，进行关于“teacher”一词中每个字母与教师职业内涵相关词汇的头脑风暴，探讨生活中使用图示手段的场景，以及通过解析“自动化对各行业影响趋势图”中的信息，预测教师行业受到的影响程度等。

在Presentation环节，教材以地道的英文篇章呈现教育教学知识，以任务支架帮助学习者理解并消化上述信息。Ball（2018）强调CLIL教材中图示、表格、思维导图等工具在减少学习者认知和语言载荷方面所起的积极作用。因此，除了问答、判断、多选等传统语言教材中的常规练习，《师范英语》在所有单元的Presentation环节均设计有图表题。例如用树状图定位教师专业发展利益相关方、用象限图分析各种教学模式中的师生地位及技术依赖度、基于表格整理现有各项教育技术的优劣并讨论各自的适用性等。

《师范英语》各单元Application环节对Coyle（2007）提出的CLIL 4C框架下内容、交际、文化和认知四个方面的体现最为综合。例如，通过结构化问卷调查个人及同伴的教学风格，彼此借鉴；讨论及评价某学校周课表所体现的跨学科属性等。在以上融入真实场景的交际性任务中，学生借助语言工具和任务脚手架掌握学习内容，而后输出、发展高阶思维、提升教学素养。从跨文化属性看，我国外语教材要体现外语教育课程思政要求，以“润物无声”的方式帮助学习者同步达成语言习得与思政体验（孙有中，2020）。《师范英语》在Application环节设计了双气泡图对比孔子与苏格拉底的教学思想及文化背景、翻译《礼记》中“博学之，审问之，慎思之，明辨之，笃行之”语句并探讨其中有关学习过程与态度的道理等活动，让师范生在教师教育话题下潜移默化地学语言、辩文化、悟道理、践育人。

Reflection环节旨在回应CLIL教材重视评估与反馈及发展学习者自主性等要求；反思性实践是教师专业发展的关键因素（Richards，2017）。该环节从形式上强调将学生自我反思与同伴互评相结合，内容则涉及章节学习目标达成度、单元知识与个人经验和职业发展关系、教学理念或方法在特定文化场域下的适切性等，以此帮助师范生充分认识反思和建立学习共同体的必要性，同时与Application环节的思政体验活动形成合力，体验各学科育人的可操作性。

教材应具备内在的逻辑关联性，使学习者能够将不同阶段的学习内容有机整合，形成系统知识体系。教材单元的各部分及教学流程应“逻辑自洽、环环相扣”（文秋芳，2023：9）。《师范英语》每个单元的APAR结构化任务模块为师范生构建了一个前后衔接的学习过程，使其逐步掌握单元知识、提升技能，并将这些技能转化为学习经验，从而增强自主学习能力。同时，这种模式为职前教师示范了一个完整的课堂教学流程，帮助他们提升教学素养并为未来的教学实践提供参考。

这种效应也同时作用于新手教师。教材中特定板块的反复出现有助于新手教师吸收常见的课堂活动、课型和教学流程等知识（Woodward，1991）。因此，保持一致性和逻辑性的APAR单元板块设计，能够帮助师范生和课程教师重组学习与教学经验，在一定程度上实现教材结构与教学功能的统一，体现教师教育类ESP教材“导学”与“导教”的双重作用，这正是《师范英语》教材在活动设计上“示范性”的体现。

4.2.4 内容、活动一致性

教材中的练习活动最能体现教材编写者的理论指导原则（束定芳、张逸岗，2004），但现有外语教材在活动设计上与其所宣称的教学理论常常不一致：从自然法、直接法到交际教学，这些教材的结构却几乎都采用“呈现—操练—产出”（PPP）模式（Tomlinson，2012），而且教材内容往往只关注零散语言形式，活动设计则多为低阶的听后重复、连线填空等，缺乏对高阶思维和实际语言运用能力的培养。

Woodward（1991）提出的“圈输入”（loop-input）策略打破了这种理论与实践相悖、课程教学内容与教学过程分离的局面，使学习者在课堂活动中即时体验学习内容所起的效能。她将loop比作一个将一张纸条扭曲180度、再将首尾连接形成的“麦比乌斯环”（Mobius loop），它只有一个面，且只有一条连续的边（如图2所示）。在运用“圈输入”的外语教学活动中，教学内容和教学过程“言行一致”，同样构成一个闭环。“圈输入”策略在英语教师教育中具有理论联系实际、发挥课堂师生双主体作用以及提高学生参与度等优点（吴兴东，2008）。

图2　麦比乌斯环

ESP教学经常借鉴所涉及学科特定的教学方法（Woodrow，2022）；CLIL作为一种教育创新，更需要在理论和实践之间以及学科内容与语言学习之间找到平衡，确保其有效性和可持续性。为此，《师范英语》将“圈输入”策略引入APAR各个板块的活动设计中，在教师教育学科内容和英语语言学习两个方面均力求实现内容与活动设计的一致性。

例如，第5单元教学目标撰写的Reflection环节的问题3：“How do the unit objectives incorporate the content of this unit?”旨在引导学生结合本单元“教学目标与学习内容相契合”这一知识点，反思学习过程，评价教材学习内容与单元目标达成度的相关性，同时也和该单元标题“以终为始”（To begin with the end in mind）构成闭环。又如第6单元可视化教学手段的Presentation板块分别介绍了思维导图和思维地图的起源、内容、应用领域等。该板块设计了如下三个活动：

Task 3 Work in groups of three to read the When, Why, or How part respectively. Follow the above example to draw a mind map. Then piece all the maps together to complete a whole picture about mind maps.

Task 4 Work in groups to retell the passage by referring to the mind map you have completed in Task 3, reflecting on the effectiveness of applying a mind map.

Task 6 Make a comparison between mind maps and Thinking Maps introduced respectively in Passage One and Passage Two. Illustrate your findings with an appropriate visual thinking tool. Then make a brief introduction to your work.

这三项活动利用可视化工具搭建脚手架，帮助学习者理解、整理文章信息，在小组任务中感知与体会上述工具的有效性，将活动形式与学习内容契合，在认知层次上也体现从低阶（识记、理解）到高阶（运用与分析）的递进。

就聚焦英语语言学习的活动而言，教材活动旨在帮助学生从语篇分析到情景任务表达，达成语言形式和功能的统一。以前文所述“教学评价”单元所涉及的类比与比喻为例，该板块活动设计如下。

Task 5-1 Work out the author's purposes of mentioning the following issues when talking about the relation between teaching and testing.

A. GM hands a candidate a paper-and-pencil test to see if he can drive or not.

B. In the real world, almost no professionals could boast about their inability to achieve success for half their clients and remain in the business.

C. We don't keep track of a baby's failures as it learns to walk.

D. The real world offers protection for the learning process, such as editing in journalism, research and development in industry, experimenting in science, and nursery in agriculture.

Task 5-2 Recall the content you have learned in previous units to complete the sentences. Then work with your partner to share more examples of analogies and metaphors that you know.

1) The aim of a rigorous science of pedagogy is to make ordinary teachers great, just as ____. (Unit 1)

2) Making a lesson plan to have a few ideas in your mind is like _______________ ____________________________. (Unit 4)

3) It seems ridiculous for a doctor to perform surgery without an objective, and it's just as ridiculous for ____. (Unit 5)

4) Tony Buzan, a British psychologist who popularized mind mapping in the 1960s, called the mind map ____ when he defined mind mapping as a powerful graphic technique that provides a universal key to unlocking the potential of the brain. (Unit 6)

在任务5-1中，学生通过分析单元篇章出现的“用笔试考核驾驶员”“各行业均有容错机制”等句子，深刻理解教学评价及方式选择的重要性，同时感知类比和比喻在此过程中发挥的作用；任务5-2引导学生回顾教材前面各个单元中出现的类比和比喻，在复习前述单元知识的同时，小组内分享与使用类比和比喻有关的个人经历，巩固语言表达能力。

从“英语+教师教育”双聚焦目标实现来看，在上述活动中，师范生既是语言学习者和使用者，又是潜在的教学实施者：教材活动帮助职前教师在语言课堂感知教学目标、可视化工具和类比及比喻的重要性，进而将学习经历转化为教学经验，实现“学以致用”与“知行合一”。

5 结语

后方法论（post-method）时代教学法强调教学应超越单一的方法或模式，根据具体教学情境和学习者需求来开展实践（Kumaravadivelu，2003）。CLIL并非一种单一的教学方法，也不受某种理论的局限，是一种典型的后方法论时代教学方法（Coyle *et al*，2010）。对外语课程及教材开发者和外语教师来说，在CLIL理念框架下开展实践既有“打破常规”的机遇，也可能带来“无章可循”的挑战。

新文科建设对跨学科教学的要求，以及外语教育学和教师教育学作为二级学科的正式确立，在宏观层面为师范院校开发体现学校特色的课程及教材提供了学理依据；CLIL与ESP两种理念的互补关系从中观层面为实现上述目标提供理论支撑；而融入CLIL理念的《师范英语》教材编写，则是借由多种方法将宏观与中观理论落地的具体实践。

《师范英语》编写作为一次CLIL理念的本土化尝试，设定语言与内容双重目标、遵循特定职业发展规律的体例设计以及体现学科或行业特点的“圈输入”方法策略，也能够为其他领域的ESP教材编写提供一定参考和借鉴。

参考文献：

BALL P, 2018. Innovations and challenges in CLIL materials design[J]. Theory into practice, 57(3): 222-231.

BENTLEY K, 2019. Cambridge English: the TKT course CLIL module[M]. Beijing: Foreign Language Teaching and Research Press.

COYLE D, 2007. Content and language integrated learning: towards a connected research agenda for CLIL pedagogies[J]. International journal of bilingual education and bilingualism, 10: 543-562.

COYLE D, HOOD P, MARSH D, 2010. CLIL content and language integrated learning[M]. Cambridge: Cambridge University Press.

KUMARAVADIVELU B, 2003. A post-method perspective on English language teaching[J]. World Englishes, 22(4): 539-550.

DUDLEY-EVANS T, ST JOHN M J, 1998. Developments in English for specific purposes: a multi-disciplinary approach[M]. Cambridge: Cambridge University Press.

MARTIN DEL POZO M A, 2017. CLIL and ESP: synergies and mutual inspiration[J].

International journal of language studies, 4: 29-48.

MEDINA B L, 2016. Developing a CLIL textbook evaluation checklist[J]. LACLIL, 9: 159-173.

MEHISTO P, 2012. Criteria for producing CLIL learning material[J]. Encuentro, 21: 15-33.

MORTON T, 2024. CLIL: future direction[C]// BANEGAS D L, HOLLMAN S Z. The Routledge handbook of content and language integrate learning. New York: Routledge: 521-535.

PARANA R A, SIQUEIRA S, LANDAU J, 2023. CLIL and language teaching approaches[C]// BANEGAS D L, HOLLMAN S Z. The Routledge handbook of content and language integrate learning. New York: Routledge: 43-56.

RICHARDS J C, 2017. Curriculum development in language teaching[M]. Cambridge: Cambridge University Press.

TOMLINSON B, 2012. Materials development for language learning and teaching[J]. Language teaching, 45(2): 143-179.

TZOANNOPOULOU M, 2015. Rethinking ESP: integrating content and language in the university classroom[J]. Procedia-social and behavioral sciences, 173: 149-153.

WOODROW L, 2022. Introducing course design in English for specific purposes[M]. Beijing: Foreign Language Teaching and Research Press.

WOODWARD T, 1991. Models and metaphors in language teacher training: loop input and other strategies[M]. Cambridge: Cambridge University Press.

程晓堂，孙晓慧，2011. 英语教材分析与设计[M]. 北京：外语教学与研究出版社.

戴炜栋，2023. 加强外语教材建设，对接国家教育战略[J]. 外语教材研究（1）：1-11.

郭晓明，蒋红斌，2004. 论知识在教材中的存在方式[J]. 课程・教材・教法（4）：3-7.

黄国文，2023. 新工科、新医科、新农科、新文科与外语学科建设的关系[J]. 中国外语（5）：11-17.

霍炜，王雪梅，2023. 回顾外语教材研究，推动外语教材建设——《中国外语教材建设：理论与实践》述评[J]. 北京第二外国语学院学报（2）：102-109.

宁琦，2021. 新时期外语教育的定位与任务[J]. 中国外语（1）：16-17.

束定芳，张逸岗，2004. 从一项调查看教材在外语教学过程中的地位和作用[J]. 外语界（2）：56-64.

孙有中，2020. 课程思政视角下的高校外语教材设计[J]. 外语电化教学（6）：46-51.

孙有中，2021. 中国外语教材建设：理论与实践[M]. 北京：外语教学与研究出版社.

王俊菊，2021. 新文科建设对外语专业意味着什么？[J]. 中国外语（1）：23-24.

王艳，2011. 对我国ESP教材编写原则的探讨[J]. 中国外语（3）：75-81.

文秋芳，2023. 构建大学外语教材编写理论体系[J]. 外国语（6）：2-11.

吴兴东，2008. 英语教师教育“圈输入”初探[J]. 外语与外语教学（7）：34-36.

徐锦芬，2023. 新时代高校外语教材建设路径[J]. 外语教材研究（2）：1-11.

袁筱一，2023. 新文科、课程思政与外语教材建设的新问题[J]. 外语教材研究（2）：12-23.

张翼，2021. 师范英语[M]. 北京：外语教学与研究出版社.

张紫红，崔允漷，2023. 论课程内容结构化：内涵、功能与路径[J]. 课程·教材·教法（6）：4-10.

中华人民共和国教育部等八部门，2022. 教育部等八部门关于印发《新时代基础教育强师计划》的通知[EB/OL].（2022-04-13）[2022-09-10]. http://www.gov.cn/zhengce/zhengceku/2024-04/14/content_5685205.htm.

周利君，2016. APAR教师专业发展模式探索与实践[J]. 中小学英语教学与研究（1）：49-56.

作者简介：

张　翼　重庆师范大学外国语学院教师教育教研室讲师。研究方向：教师教育、外语教材开发。通信地址：重庆市沙坪坝区大学城中路37号。邮编：401331。电子邮箱：115089614@qq.com

谭小勇　重庆师范大学外国语学院副教授。研究方向：大学外语教学、外国文学。通信地址：重庆市沙坪坝区大学城中路37号。邮编：401331。电子邮箱：8271436@qq.com

（责任编辑：徐立新）

拓展工程英语教学的新空间：ESP教学中的术语维度*

冷冰冰 上海理工大学

提 要：术语是工程技术交流的基本语言单位，是ESP词汇教学的重要组成部分。本研究以机械工程英语教学为例，围绕“查询术语家谱”“掌握术语变体的功能”“探究命名的理据”和“解析术语的概念”等四个术语教学方法来推进ESP词汇教学的深度。研究者认为术语学习有助于培养ESP学习者的语言能力、篇章能力和社会文化能力，推动ESP教学目的的达成。其中，“查询术语家谱”能够帮助学习者通过在线查阅进行专业知识和语言知识的自我建构；“掌握术语变体的功能”关注术语变体的使用形态和功能，能够提高ESP学习者的阅读和写作能力；“探究命名的理据”有助于培养学习者的语言能力和社会文化能力，实现专业知识准确、得体地传递；而“解析术语的概念”抓住“语言知识”和“工程知识”的融合点，通过术语概念的对比，有效提升学习者的社会文化能力。

关键词：ESP教学；术语；教学方法；工程英语

1 引言

ESP（English for specific purposes）是特定学科或特定职业的学习者为了有效地进行专业学习或者专业交际而学习的英语，旨在帮助学生了解特定专业相关的词汇、句法结构和语篇等知识，是根据学生特定的目的和需求而开设的课程（孙晓蓉，2022）。二战后科学技术和经济繁荣发展，其中两支飞速发展的主要力量是贸易领域和技术领域，而美国战后经济发展的影响力使英语成为承载技术经济信息的国际语言；教育理念的更新也推动了ESP的崛起，新的教学法将学习者

* 本文系2022年度上海理工大学本科教改重点项目“‘五步术语教学模型’驱动下的ESP教学模式探索”的阶段性研究成果。

的需求置于中心位置（Hutchinson & Waters，1987）；到了20世纪70年代，ESP成为热门学科，自此很多学者对ESP教育展开研究。段平、顾维萍（2007）详细梳理了国际上ESP教学目标的四个发展阶段：第一，体裁分析法，在20世纪60年代ESP研究初期，研究者通过体裁分析法来研究ESP的语法结构和用词等方面表现出来的特点；第二，ESP发展到20世纪70年代的语篇分析阶段，将教学重心扩大到句子层面，聚焦句子如何形成语篇，揭示语篇的组织形式及其语言手段，如描述实验、定义术语、假设推理等所使用的修辞手段；第三，目标情景分析法，即在ESP教学中针对不同的目标情景（如商务谈判、学术会议等）所使用的语言特征进行教学训练；第四，技能法，聚焦的是各个学科领域语篇的共同特征，教学中引导学生掌握应用ESP语篇共核知识的技能。近年来，国内的ESP教学研究主要集中在"ESP教师研究""ESP教学模式研究""学习者研究""用信息技术手段研究ESP教学"等四个方面；就ESP教学模式而言，探讨较多是CBI内容依托模式（蒋潇，2023；顾静，2021；程蕾，2018）和PBL学习者协作中的自我知识建构模式（杜清媛，2023；陶旸，2020；方芳、宋莉娜，2019）。

目前国内对于ESP课程的教学模式有较多的探讨，但是探讨ESP语言特点的微观研究不多。近年来大量的ESP教材编写趋于"英语课文+单词表+难句分析+回答问题"的模式也显现出ESP语言特点研究不够深入的问题。这种ESP词汇学习仅限于"背单词表"的做法，偏离了ESP教学的核心，如蔡基刚教授曾指出（2024：136）"不少教材冠以'专门用途英语教材'，但离开了特定体裁的语篇和语言介绍，很难说是真正的专门用途英语教材"。以医学英语为例，笔者在中国知网中输入关键词"医学英语教学"，检索出近三年相关文献244篇，统计发现只有9篇文献涉及"医学英语语言与教学"的选题，如《基于概念隐喻理论的医学英语词汇教学研究》（段其伟、张瑜，2022）、《医学学术英语两栖词汇研究——基于语料库的词表建立和教学策略》（何晴，2022）、《医学英语书面语语料库在医学英语写作教学中的应用研究》（康勇，2022）等，这些研究在聚焦对象上不同于其他235篇文献，是以"医学英语词汇特点及教学方法"为选题，属于ESP语言本体研究，体现了ESP作为"英语+学科"的交叉学科属性，为医学英语教师和学生提供了切实的帮助。随后笔者以"工程英语教学"作为关键词，检索出近三年相关文献19篇，涵盖“环境工程英语教学”“机械工程英语教学”“水利工程英语教学”“建筑工程英语教学”等数个工程英语ESP教学研究，这些论文均聚焦“教学模式研究”，如“线上线下混合式教学模式”“专题讨论教学法”“研讨式教学”“内容教学法”“成果导向理念”等教学法，而无一例是工程英语ESP语言特点的研究。试想不基于ESP教学内容的教学法研究，势必难以具有针对性。在时代呼唤新文科的大背景下，ESP教师应更加重视ESP语言特点与教学法相结合的研究，使教学模式的探讨立足于扎实的ESP本体研究之上。

Viana, Bocorny & Sarmento（2018：27-36）指出：“在ESP中那些表达专业概念的名词、名词词组、动词、动词词组等语言单位统称‘terminology’或称‘special purpose vocabulary’，ESP课程中的词汇学习是否聚焦‘术语’取决于学习者的需求，当学习者的学习目的与专业领域有关时，则术语学习对他们来说至关重要”。作为ESP学习者，其学习目标多是致力于成为一名合格的专业知识交流者，因此术语学习对于大多数ESP学习者来说，其重要性都是不言而喻的。

2 国内外ESP教学中的术语教学研究

在国内外ESP相关著作或者期刊论文中均有术语教学方面的研究。笔者在中国知网中检索主题词“ESP+术语”，检索到近十年文献70余篇，代表性研究如汪静静（2022）在讨论《军事英语听说教程》教材的内容体系时提出“立足军事英语术语教学”的思路；李媛圆、徐剑波（2022）探讨基于专用语料库进行商务英语术语、词汇搭配和近义词辨析的教学；李思龙（2020）探讨通过纺织专业术语的翻译教学，为高年级专业英语打下扎实的语言基础；韩喜华、韩昉和阎伟静（2017）提出ESP教师指导下的医学英语词汇体系的自我构建尤为重要等。国外学者的相关研究，如Coxhead（2013）解释了ESP词汇（或称术语）的重要性：因为理解和使用了术语意味着学习者已经归属了一个专业领域；如果ESP学习者想成为某一专业领域的专业人士，驾驭术语非常重要。在ESP的词汇教学讨论中，Coxhead（2013）集中讨论的是如何帮助学习者识别各种术语变体，可以采用的方法是——借助技术词典、咨询专家或是查询专业语料库。此外，他还援引了许多学者对于复合型术语（其称为“lexical bundle”）的研究，如Hyland（2008）针对学生在写作中是否使用长术语来探讨复合型术语使用与文本类型的关系等。对于ESP词汇学习存在的困难，Coxhead（2013）认为学习者识别普通词汇赋予专业含义的语言现象有困难，其次如同Crawford（2007：138）所说“不同的专业群体因为利益关注点不同对同一个概念采用不同的术语表达，这项技能不容易掌握”。

综上，目前国内外学者关注的ESP术语研究角度包括“术语识别”“术语变体使用”“复合型术语”“术语词汇体系的自我建构”以及“术语搭配或辨析”等。笔者认为，对于未来从事专业领域交流的ESP学习者来说，术语教学应当成为ESP教学的重要组成；深入有效的术语教学是实现“专业+语言”新文科教育理念的可行路径。

3 工程英语ESP教学的术语教学方法

Littlewood（2014：293）整理了ESP教学的能力框架，包括语言能力、社会语言能力、语篇能力、语用能力、社会文化能力这五项能力；其中，“语言能力”包括词汇、语法、语音和语义方面的语言能力；“社会语言能力”指如何在某一社会语境下正确使用语言，如正式与非正式、直接与间接等；“语篇能力”指说话人能够理解各种语篇，包括阅读长文、参与互动、开启对话和结束对话等，“语用能力”指的是学习者能够使用语言资源解读真实语境中的意义，即使在知识欠缺的时候；而“社会文化能力”则包括在跨文化交流中掌握影响意义传递的文化知识。对于“社会文化能力”，Misechko（2021）在“Socio-cultural Context of Modern ESP Teaching”一文中指出社会文化能力在听说读写译等ESP交流活动中必不可少，学习者需要通过文化对比的方法才能养成这一能力。

本文以机械工程英语教学为例，尝试探讨为实现ESP学习者的能力目标，工程英语ESP教学中可以采取的四种术语教学方法。

3.1 查询术语家谱

术语是学科概念的载体，“在一个知识领域中，概念用定义描述，被赋予约定的术语名称。一组概念可根据概念间的相互关系构成概念体系，反映相应的知识体系”（冯志伟，2011：95）。在ESP教学中“查询术语家谱”一方面能够让学生了解所学知识在相关专业学科中的位置，把握专业概貌，另一方面便于学生在完成课文内容后进行泛读来不断拓展所学主题的知识，“邂逅”家族概念和共现术语，完成学习者专业知识和语言知识的自我构建。

例1：Heat treatment is thermal cycling involving one or more reheating and cooling operations after forging for the purpose of obtaining desired microstructures and mechanical properties in a forging. The commercial heat treatments in common use are normalizing, annealing, hardening, and tempering.（司徒忠、李璨，2009：27）

译文：热处理是指为了在锻件中获得所需的微观结构和机械性质，在锻造后进行一次或多次加热和冷却的热循环工艺。常用的商业热处理包括正火、退火、淬火和回火。

分析：例1作为热处理主题的文章开头，介绍了热处理的定义和分类，在通读课文后，教师可以要求学生根据分类勾画术语家谱图（如图1所示），并上网查询“heat treatment”相关概念的定义，特别是“annealing”“tempering”“hardening”和“normalizing”等核心概念的定义，如“Annealing is a heat treatment of metals or alloys that restores some of the material's original physical properties. In particular, it increases ductility and decreases hardness.”（“退火”是对金属或者合金进行的一种热处理，该工艺可以恢复材料的初始物理性质，特别是增加材料的延展性和降低材料的硬度）。不同学生在网络上可能获得的“annealing”定义，长短不一、或简或繁，教师可以指导学生从简单定义入手，进而解读更复杂的“退火”定义，以此方式来加深对这一概念的理解，丰富教材内容，并学习“annealing（退火）”的许多共现词汇。

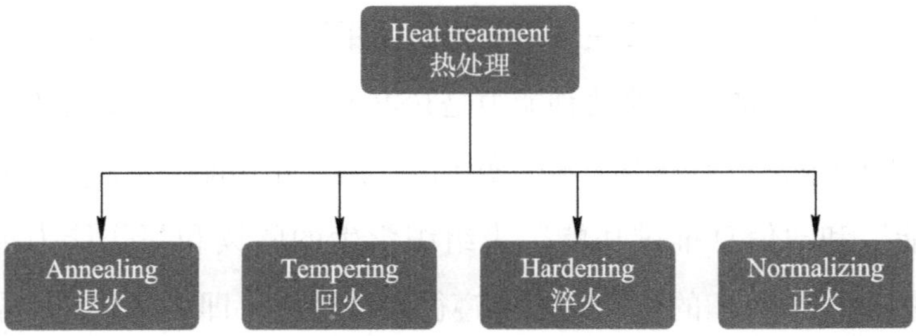

图1　术语家谱图示例

在这一课堂任务中，教师可引导学生使用“**+classification/category”作关键词进行必应或谷歌图片搜索，获取丰富的术语家族图谱；通过研读术语图谱，学习者能够关联已有知识和其他的家族分支，从而理解该领域的知识框架（冷冰冰，2019）。“查询术语家谱”开阔了ESP学习者的视野，能够通过泛读更深入地了解该领域的知识。笔者采用任务教学法布置课后作业或采取学生小组汇报的形式，如学习了“welding（焊接）”主题，学生会在互联网查询“电弧焊”“电子束焊接”“硬钎焊”等专业分支内容制作课堂汇报，在集思广益、图文并茂的课堂展示中，学生们会对焊接知识产生泛读的兴趣和英语口头表达的愿望。

3.2 掌握术语变体的功能

在ESP词汇教学中，引入“术语变体”这一概念是必要的。“术语变体”是指同一技术概念的多个术语名称（前文Crawford提到的就是一种术语变体），可以理解为同义术语。催生术语变体的原因很多，如技术进步带来的传统术语被新术语取代，不同地域对同一技术概念的不同称谓，由于交流场景需要而产生的多种术语表达，不仅限于“学科共用”“语体差异”“篇章表达需要”“地域命名差异”和“认知发展差异”等原因（夏菁、冷冰冰，2021）。曾经传统术语学提出的术语是规范化技术交流的工具，因而具有单义性特点，而今现代术语学已经普遍认为：交流中的术语词形是非常灵活的，欧洲术语学领军学者Budin在访谈中说道“在很长的一段时间内，人们坚信并期望能够消除同义词，建立术语和概念之间唯一的对应关系，但最终证实这只是幻想。在人类的交际中，这是不可能实现的。虽然我们做出了标准化的努力，但从领域知识中提取到同义词也是很普遍的现象，因此术语的变体也是一个重要的研究问题”（刘明，2018：80）。

在ESP教学中引导学生关注术语变体的使用形态和功能，能够提高ESP阅读理解能力和篇章写作能力，这两种能力是ESP语言能力的核心，是ESP课程的重要内容。在教学中，教师可围绕术语变体的“简洁化功能”“篇章连贯功能”“信息指示功能”和“信息推进功能”来组织学生的阅读和写作能力训练。第一是“简洁化功能”。人们的交际一般要遵循经济原则，即表达趋向简洁化，技术交流也不例外，缩略型术语变体可实现简化交流的功能。如“CGI”可以代替

"compacted graphite iron","CFRP composites" 可以代替 "carbon fiber–reinforced polymer composites","wt%" 代替 "weight percent","at%" 代替 "atom percent","PP" 代替 "polypropylene" 等等。第二是"衔接连贯功能"。连贯性是语篇表义的第一要求，在专业英语中识别术语变体是解读专业信息的关键，例如在某一段落中作者可能用"heat treatment""thermal cycle""treatment""cycle"等多个术语变体来表达"热处理"这一概念，这些同义术语的识别有助于学生建立段落内容的连贯性，提升阅读理解的能力。此外，教师还可以在"使用上义词衔接"和"使用同义词衔接"两种技能上引导学生使用术语变体来连贯篇章内容，从而提升ESP学习者的写作能力：如前文是"silicon dioxide（二氧化硅）"，后文用"the material（该材料）"；如前文是"plastic deformation（塑性变形）"，后文用"the process(该工艺)"；前文用"copper and nickel(铜和镍)"，后文用"these two elements（两元素）"等。又如前文"tear resistance（抗拉强度）"，后文则称"the ability to resist tearing（抗拉能力）"；前文用"motion（运动）"，后文用"movement（移动）"等。第三是"信息指示功能"。在传递专业知识时，英语技术写作人员通常会同时使用多个同义术语，多个同义术语的使用能够更全面地介绍专业概念和指称：如提到"polytetrafluoroethylene（聚四氟乙烯）"会附加其商标名"Teflon（铁氟龙）"；介绍"silicon dioxide（二氧化硅）"时会指出其化学分子式为SiO_2，又叫"石英玻璃（vitreous silica）"；又如"transpolyisoprene（反式聚甲基丁二烯）"的俗称是"gutta percha（古塔胶）"，见以下例2、例3和例4。

例2：***Polytetrafluoroethylene (trade name Teflon)*** belongs to a family of polymers called the fluorocarbons. (CALLISTER & RETHWISCH, 2012: 108)

例3：***Silicon dioxide (or silica, SiO_2)*** in the noncrystalline state is called fused *silica, or vitreous silica;* again, a schematic representation of its structure is shown in Figure 3.41b. (CALLISTER & RETHWISCH, 2012: 88)

例4：***Transpolyisoprene, sometimes called gutta percha***, has properties that are distinctly different from those of natural rubber as a result of this configurational alteration. (CALLISTER & RETHWISCH, 2012: 119)

第四个功能是"信息推进功能"。ESP语篇段落的推进常常使用语义相关的术语，如例5。该段落通过"nanotube"的下义词"multiple-walled carbon nanotubes”和“single-walled nanotubes”来推进段落信息的流动。通过模仿和训练术语变体的使用，能够提升ESP学习者的书面交流能力。

> 例 5：Each ***nanotube*** is a single molecule composed of millions of atoms; the length of this molecule is much greater (on the order of thousands of times greater) than its diameter. ***Multiple-walled carbon nanotubes*** consisting of concentric cylinders have also been found to exist. These nanotubes are extremely strong and stiff and relatively ductile. For ***single-walled nanotubes***, tensile strengths range between 50 and 200 GPa (approximately an order of magnitude greater than for carbon fibers); this is the strongest known material. (CALLISTER & RETHWISCH, 2012: 60)

3.3 探究术语命名的理据

术语命名的理据来自地区差别、社会发展、政治影响、知识传播等多个方面，在ESP教学中教师采撷有趣的术语命名，与学生一起探讨，不仅可以激发学生对专门用途英语的兴趣，而且可以培养学习者的社会文化能力，该能力是ESP交流中不可缺少的。如在机械工程领域中，“十字头螺钉”的英文对应不是“cross head screws”，而更多地使用“Philips head screws”，原因在于十字头螺钉是20世纪30年代美国俄勒冈州的商人亨利·菲利普斯发明的，并申请了专利，这种螺钉能够满足汽车装配线上较大扭矩值的要求。又如“kaolin”的中文对应是“高岭土”，指的是产自我国江西景德镇高领村山上的一种黏土。1896年，德国著名的地理学家和地质学家李希霍芬来中国考察，回国后在其著作《中国》中详细介绍了景德镇高岭土的情况，同时，他根据“高岭土”一词的中文读音，将“高岭土”译成当今仍然国际通用的术语“Kaolin”（中国青年报，2020-5-19）。而传教士昂特雷科莱则是第一位向欧洲介绍高岭土的人，开创了欧洲陶瓷新时代（川观新闻，2023-4-30）。术语的命名还受到政治因素的影响，如“ferrous metals/nonferrous metals”在我国工业领域中对应的中文名不是“含铁金属/不含铁金属”，而是黑色金属/有色金属，这两个广泛使用的术语是中国本土术语还是跟随外来词的称谓呢？《中国有色金属报》（2022-6-24）的《“有色金属”名词溯源》一文通过对民国时期（1932—1952）中国工业管理机构的名称、伪满时期的工业部门名称以及1948年东北行政委员会工业部分局名称的调查，指出："在新中国初创时期，为使我国工业建设尽快地融入国际先进国家的工业体系，许多做法和经验都是向苏联学习的；'有色金属'一词就是其中之一"。可见，术语的命名也与一个国家的社会发展状况，特别是与政治因素相关联。

在工程英语中有相当一部分专业概念是日常词汇承载的，借助的是客观事物的相似性。如"apron"一词的基本义是"围裙"，在机械工程英语中指的是车床的一个部件"溜板箱"，命名的理据是借助人的认知隐喻——"溜板箱"像围裙一样遮挡床身内部的齿轮系。"carriage"一词的基本义是"马车"，在机械工程英语中指的是车床的另一个部件"拖板"，像车一样拖动刀架沿着或垂直于车床床身移动。又如"flame envelope"表示火焰的"外焰"，"inner cone"表示火焰的"焰芯"，都是借助形态的相似性来赋予"envelope"和"inner cone"以专业概念。

"探究术语命名的理据"这一教学方法可以在课堂练习或是课外作业中应用，可以采用信息查询的方法或是词形、语义分析的方法追踪术语得名的行业背景、社会语境或是认知原因，教师可以鼓励学生完成一个术语命名理据的溯源报告，长短皆宜，来提升文科知识和工科知识的深度融合，从中提升学生的思辨能力，也能培养他们的社会文化能力，这些社会文化知识影响着专业领域知识能否准确、得体地传递。

3.4 解析术语的概念

概念是知识的载体，解析术语承载的专业概念是机械工程ESP教学的重要内容，真正抓住了"语言"和"工程知识"的融合点，ESP教学中可以尝试使用"剖析术语的多义现象"和"对比英汉语之间概念的差异"两种任务教学法。例如让学生通过翻译练习，在解析原文词义和确定汉语译名过程中认识术语概念的历时差异和跨文化差异，见例6。

例6：Soldering gives a satisfactory joint for light articles of steel, copper or brass, but the strength of a soldered joint is rather less than a joint which is brazed, riveted or ***welded***. (司徒忠、李璨，2009：25)

学生译文：对于钢、铜或黄铜的轻质物品，软焊接可提供令人满意的接头，但焊接接头的强度要比硬钎焊、铆接或焊接接头低得多。

在教师的引导下，学生会发现“weld”一词虽然有“焊接”的意思，在很多语境下，其名词“welding”的语义是“熔焊（fusion welding）”的意思，原因在于随着技术的发展，“welding”从“通过高温熔化两种金属使其连接在一起的工艺”演变为“通过高温或者其他手段将两种金属或塑料连接在一起的工艺”，“welding”一词的内涵发生了变化使得该词有了“熔焊”和“焊接”两个概念。例6画线词语如果译为“焊接”则出现逻辑错误，故此处应译为“熔焊”。与“welding”上下义同形的术语还有“soldering”“automobile”“reinforcement”等。

“解析术语的概念”除了引导学生讨论由于技术发展带来的术语多义现象之外，还包括对英汉术语内涵进行对比。如在英语中“mudrock”不宜译为“泥质岩”，原因在于“mudrock”指的是“超过50%的含量粒径小于0.0625毫米的一类沉积岩”，其中粒径在0.0039mm—0.0625mm之间的是粉砂岩，小于0.0039mm是黏土岩。而我国“泥质岩”指的主要是粒径小于0.0039mm，也称“黏土岩”，可见国内相关领域的研究者更关注的是粒径更细的泥质岩。中英文中技术概念的不对等体现了不同国家技术标准的差异，这是新文科教育中培养学生家国情怀的可行进路。

ESP教师通过设计“解析术语概念”的课堂活动，学生能够通过对比术语的概念，体会到随着技术发展术语词形与技术概念之间的因果关联，以及不同国家的技术发展和标准差异，从而提升ESP学习者的语言能力和社会文化能力。

在机械工程英语课程学习结束时，许多学生都指出了术语学习对ESP课程的积极作用，如“通过术语对比，对专业知识有更清晰的理解”“深入的术语学习成为后续专业阅读的窗口”“掌握专业术语能更好地理解文章内容和提高阅读速度”“核心术语的学习有助于快速查找相关专业文献”“术语学习能够提升工程口笔译翻译的准确性”等等。

4 结语

在ESP教学实践中，引导学习者认识和掌握ESP在词汇、句法、篇章等层面的语言知识和言语交流特点是各类工程英语教学内容的共核。本文以机械工程英语教学为例，提出ESP教师可以尝试采用“查询术语家谱”“掌握术语变体的功能”“探究术语命名的理据”和“解析术语的概念”等多种术语教学方法，设计合适的课堂任务，鼓励学生查询互联网资源，主动建构专业知识框架，积累ESP交流中的各种言语形态及特点。笔者十五年的教学实践证明，关注术语维度的工程英语教学能够切实提升学习者的专业知识积累以及构建ESP语言能力、篇章能力和社会文化能力，深化学习者对ESP作为学科知识载体本质的认识，帮助他们更快地成长为合格的专业知识交流者。

参考文献：

CALLISTER D W JR, RETHWISCH G D, 2012. Fundamentals of materials science and engineering: an integrated approach (4th ed)[M]. Chichester: John Wiley & Sons, Inc.

COXHEAD A, 2013. Vocabulary and ESP[C]//PALTRIDGE B, STARFIELD S. The handbook of English for specific purposes (1st ed). Chichester: John Wiley & Sons, Inc: 115-141.

CRAWFORD C B, 2007. The language of business studies lectures[M]. Amsterdam: John Benjamins.

HUTCHINSON T, WATERS A,1987. English for specific purposes: a learning-centred approach[M]. Cambridge: Cambridge University Press.

HYLAND K, 2008. As can be seen: lexical bundles and disciplinary variation[J]. English for specific purposes, 27(1): 4-21.

LITTLEWOOD W, 2014. Methodology for teaching ESP[C]//BHATIA V, BREMNER S. The Routledge handbook of language and professional communication. New York: Routledge: 287-304.

MISECHKO O Y, 2021. Socio-cultural context of modern ESP teaching [EB/OL]. (2021-08-05)[2024-04-16]. https://core.ac.uk/download/pdf/42973128.pdf.

VIANA V, BOCORNY A, SARMENTO S, 2018. Teaching English for specific purposes[M]. Alexandria: TESOL International Association.

蔡基刚，2024.“四新”学科交叉和专门用途英语理解：专业英语、以内容为依托教学和全英语教学[J]. 中国ESP研究（34）：131-142.

程蕾，2018. 基于CBI理念的护理专业英语教学模式探究[J]. 护理研究（9）：1449-1451.

川观新闻，2023. 中国瓷器是世界文明的一部分——序《瓷器改变世界》[EB/OL].（2023-04-20）[2024-04-16]. https://cbgc.scol.com.cn/news/4128856.

杜清媛，2023. 基于ESP框架的PBL教学模式在大学英语教学中的应用[J]. 海外英语（24）：138-140.

段平，顾维萍，2007. 专门用途英语的共核理念与实践意义[J]. 北京航空航天大学学报（社会科学版），20（1）：67-70.

段其伟，张瑜，2022. 基于概念隐喻理论的医学英语词汇教学研究[J]. 高教学刊（11）：110-112.

方芳，宋莉娜，2019. PBL教学模式在ESP理工类英语阅读教学中的运用[J]. 外语教育与翻译发展创新研究（8）：49-51.

冯志伟，2011. 现代术语学引论（增订本）[M]. 北京：商务印书馆.

顾静，2021. CBI教学模式视角下的专门用途英语[J]. 中国多媒体与网络教学学报（上旬刊）（6）：186-188.

韩喜华，韩昉，阎伟静，2017. ESP教师自主能力指导下的医学英语词汇体系构建[J]. 科技风（8）：63-64.

何晴，2022. 医学学术英语两栖词汇研究——基于语料库的词表建立和教学策略[J]. 福建医科大学学报（社会科学版），23（1）：65-70.

蒋潇，2023. 基于CBI主题依托模式的ESP教学[J]. 英语广场（35）：64-67.

康勇，2022. 医学英语书面语语料库在医学英语写作教学中的应用研究[J]. 海外英语（1）：61-62.

冷冰冰，2019. 语言与内容双轮驱动的ESP教学模式探索——机械专业英语教学十年之体会[J]. 上海理工大学学报（社会科学版），41（2）：101-106.

李思龙，2020. ESP纺织英语次专业词翻译教学研究[J]. 浙江理工大学学报（社会科学版）（3）：337-343.

李媛圆，徐剑波，2022. ESP视角下基于专门语料库的商务英语词汇教学研究[J]. 科教资讯（18）：207-210.

刘明，2018. 面向翻译的术语学——奥地利维也纳大学Gerhard Budin教授访谈[J]. 上海翻译（2）：79-81.

司徒忠，李璨，2009. 机械工程专业英语[M]. 武汉：武汉理工大学出版社.

孙晓蓉，2022. 理工科背景下ESP课程设计研究——以安徽理工大学为例[J]. 海外英语（14）：94-95.

陶旸，2020. 基于PBL的大学ESP教学探究——以艺术设计英语为例[J]. 吉林广播电视大学学报（6）：40-41.

汪静静，2022. 基于ESP理据的《军事英语听说教程》教材内容体系构建及教学实践[J]. 高教学刊（26）：117-121.

夏菁，冷冰冰，2021. 科技翻译中的术语变体及译者对策[J]. 上海理工大学学报（社会科学版），43（3）：236-241.

中国青年报，2020. 景德风骨[EB/OL].（2020-05-19）[2024-04-16]. https://news.youth.cn/jsxw/202005/t20200519_12333495.htm.

中国有色金属学会，2022. "有色金属"名词溯源[N]. 中国有色金属报，2022-06-24.

作者简介：

冷冰冰　上海理工大学外语学院副教授，翻译学研究所副所长。研究方向：ESP教学、术语学和科技翻译研究。通信地址：上海市杨浦区隆昌路661弄9号1102室。邮编：200093。电子邮箱：iamlengbingbing@163.com

（责任编辑：孟晖）

人工智能辅助ESP语料库设计与建设——以金融英语为例*

钟泽楠　广东金融学院
朱冰霞　广东金融学院
涂兵兰　广东金融学院
陈　靖　上海外国语大学

提　要：国内外ESP研究蓬勃发展，如何进行语言知识和技能的教学是重要关注点，但鲜有关于ESP课程中如何运用人工智能辅助的语料库促进语言知识和技能教学的研究。本文阐述了人工智能技术在ESP语料库设计中的应用，通过具体案例，详细说明了教师如何指导学生利用人工智能技术批量收集金融机构的英语新闻语料，并进行后续语料清洗和标注等步骤。研究发现，人工智能技术能够高效、标准化地完成语料库构建工作，为ESP教学提供丰富的资源和智能化支持。本研究旨在以金融英语语料库的设计与建设为例，在ESP课程的教学上寻求突破。

关键词：人工智能辅助；ESP语料库；金融英语；ESP课程；语料库设计与建设

1　引言

专门用途英语（English for specific purposes，简称ESP）教学创新面临机遇和挑战。外语教学亟须教学创新，应“重视技术，重视变革”（吴岩，2019）。随

* 本文系2022年度广东省教育厅教育科学规划项目“新文科背景下粤港澳大湾区翻译专业课程思政改革与实践研究”（项目编号：2022GXJK277）、2022年度广东省教育厅高等学校特色创新项目“周瘦鹃西学翻译的中国化及其当代实践价值研究”（项目编号：2022WTSCX076）、2022年度教育部产学合作协同育人项目“商务英语专业虚拟仿真实训平台建设”（项目编号：220601049131236）、2022年度广东省本科高校在线开放课程项目“在线开放课程驱动高校混合教学变革研究”（项目编号：2022ZXKC336）和广东省哲学社会科学规划项目“香港青少年教育的国家认同多模态建构：基于中国历史科教学资源的研究”（项目编号：GD24XTQ01）的阶段性研究成果。

着人工智能时代的到来，“人工智能+教育”引发了语言教育领域的重大改革与创新发展，使计算机辅助语言学习（computer-assisted language learning，简称CALL）研究得以迅猛发展。2018年教育部印发的《教育信息化2.0行动计划》明确指出，要依托人工智能、大数据等新兴技术开展教育模式变革和生态重构。当前，人工智能与外语教育结合方面的研究已取得丰硕成果，基于大规模数据分析的智能工具能够智能筛选或匹配学习材料，自动评分与提供反馈，创造虚拟仿真语言环境等（Kannan & Munday，2018；Nishio & Nakatsugawa，2020），对促进外语学习者的语言能力和深度学习具有重要意义（Divekar *et al*，2022）。同时，人工智能技术能让ESP课程教师通过具体的量化指标对学生进行专业化与个性化的指导，从大数据中发现规律、模式以及潜在的关系（Divekar *et al*，2022），从而转变ESP课程教学模式，提升课堂教学质量。

因此，本文结合笔者所在院校的ESP教学实践，在综述国内外ESP教学研究现状的基础上，以金融英语语料库的建设及其在教学中的应用为突破口，探讨人工智能辅助的ESP语料库建设与应用路径，以期为高校开展ESP语言教学提供一定启示。

2 ESP教学与课程语料库研究新进展

ESP课程的初始目标是使学生学会以特定学科的方式进行英语交流，为学生的学科学习和职业生涯建立学术语言技能和知识（Hyland，2016）。总体上讲，ESP课程教学研究经历了三个阶段，即基于学习技能、基于学科文本和基于素养实践，这与语言学习理论从结构主义转向系统功能语言学和社会结构主义形成对应关系。尽管不同学科的语类特征各不相同（Hyland，2018），但基于共同核心假设（Bloor & Bloor，1986），其发展轨迹开始时关注通用技能与语言特征在跨学科中的迁移。随着学习者在语言学习中的作用受到重视，ESP逐渐被视为一种社会实践，涉及学生的参与、互动和对学术情境的理解，使ESP教学的关注点从孤立的文本转向特定语境下的交际体裁、修辞和目标语言的素养技能（Hyland，2018；Jiang & Hyland，2020）。借鉴更广泛的理论基础，ESP课程模块具有社会文化、情境化和人性化的倾向，且特别注重学术写作（Ilchenko & Kramar，

2020）和学科词汇学习（Crosthwaite *et al*，2022）。在这个过程中，语料库与ESP课程教学的结合愈发紧密（Pack & Barrett，2021），例如，Smith（2020）引导学生建立会计和英语术语语料库，学生利用这些自建语料库进行学习；建立语料库前后对相同学生的术语测试和对参与测试的学生进行问卷调查结果证明：学生可以通过主动参与该学习过程获得更好的学习效果，并且对整个学习过程满意度提高。

国内在语料库教学应用方面的先前研究更关注大学通用英语教学（如桂诗春，2004；王龙吟、何安平，2005）。然而，即使语言教学相关科技日益发达，我国在英语学科语料库的建设上仍明显落后于国外（李广伟等，2015）。近些年逐步兴起的ESP课程语料库研究的主要研究对象是商务英语的语言学特征。例如，胡春雨等（2022）对比VOICE和BNC两个在线语料库，总结了商务英语通用语中“道歉”的语言形式和语用功能。国内围绕ESP课程的语言知识和技能教学研究较少，多数研究在高职院校和翻译类课程中开展。例如，刘泉（2022）对高职院校的民航英语课程模块进行了基于语料库的体裁分析教学法探索，示范了研究程序及如何引导学生做出思维导图；傅秀琳、冯茹（2023）研究了ESP语料库应用于翻译教学，提出了SET教学模式，并分析了该模式在预习和实践教学上对学生学科文本翻译技能的作用。

由此可见，尽管在ESP课程中教授语言知识和技能具有重要意义，但国内基于语料库的ESP研究主要关注语言学特征的描述，ESP教学与基于现代科技为基础的语料库结合度尚不高，缺乏基于人工智能的语料库建库软件和数据分析软件的充分应用（王艳艳、王美桦，2022）。因此，本文拟以金融英语语料库建设及应用为例，探讨人工智能如何辅助ESP建设与应用，以期为国内ESP教学模式打开一个新思路。

3 人工智能辅助ESP语料库建设的基础

近年来，随着人工智能的发展，大数据分析软件或在线语言学习平台愈发多样化，人工智能辅助的语料库也广泛用于ESP教学（Pack & Barrett，2021；Crosthwaite *et al*，2022）。例如，Sadjirin *et al*（2018）运用自然语言处理标签等数字化工具建立了马来西亚金融英语语料库，为ESP课程教师提供了教学资源和学术研究新路径。然而，了解人工智能辅助ESP语料库建设的机理，对于整合金融学科教学知识、提升金融语料库课程实践教学具有重要意义（邢浩、陈佩莹，2021）。

人工智能技术开发的基础是信息理论。著名语言学家乔姆斯基（Chomsky）的导师Harris（1988）认为语言学和信息理论存在四个共同基本特征：偏序性、组合概率性、复合句简化性和口语产出线性化。Hoey（2005）的“词汇触发”（lexical priming）理论指出，基于词汇生成语法机制产生的机器语言，在一定的算法下可以高度模拟人类正式和非正式的语用选择，在多重意义场景中实现功能对等。因此，人工智能和语言学这两个学科有着天然的渊源，人工智能技术需要基于语言处理的基本方式和逻辑运行，其发展过程中的语言逻辑机制部分也融合了诸多语言学理论（Pereira，2000），例如，Harris（2002：217）曾运用转换-生成语法解释机器根据词块组合（word cluster）概率赋予的词语意义。因此，将人工智能技术与语言学的结合，应用于语料库建构并转化为智能学习模式，有着既定的学科逻辑基础，即人工智能技术基于语言处理的基本方式和逻辑运行，为其在语料库领域的应用奠定了技术基础。

ESP语料库的建设过程涉及多种人工智能技术和自然语言处理工具，可以帮助研究人员更高效、标准化地完成语料采集、语料加工和可视化等多个环节的工作。在语料采集过程中，通常会采用爬虫（Web Crawler）工具，系统地从互联网上抓取和收集各种文本、图像、音视频等作为语料库的原始语料来源。常用的爬虫工具有使用基于Python的Scrapy和Beautiful Soup、基于Java的Nutch和自动化爬虫软件八爪鱼等。其次，在语料的预处理环节，通常会运用自然语言处理工具对采集的原始语料数据进行自动化的文本处理。此阶段常用NLTK和Stanford CoreNLP这类工具库，对文本进行分词、词性标注、去除特殊字符等操作。此外，还能运用可视化工具如Matplotlib、Seaborn、Plotly等，从多个维度绘制图表，展示文本数据中的词频、词汇分布、短语频率等统计信息，帮助研究人员直观地探索和理解语料数据的特征和模式。

结合信息理论和语言学理论的人工智能辅助ESP语料库建设能够充分尊重英

语语言本身的规律，在组织学科语言时体现语言的应用特点，展现语言单位之间的关系，直观展示固定搭配、语法、衔接、使用语境等不同层级的语言现象。基于人工智能开发的ESP语料库能够让学生在学习专业知识的同时，接触地道英语语言元素，在辅助学生理解专业知识的同时，促进语言知识的高效吸收，潜移默化地提升语言技能。

4 人工智能辅助金融英语语料库的设计

以建设金融英语语料库为例，在语料的界定上，根据《新帕尔·格雷夫经济学大辞典》的定义，金融指的是资本市场的运营、资产的供给与定价，其基本内容包括有效率的市场、风险与收益、替代与套利、期权定价和公司金融。从上述的定义可见，在现今资本流通广泛的社会，金融几乎渗透我们生活的方方面面，只要与金钱、资本流通有关的且与教学目标相符的英语文本，都可视为金融英语语料。

语料库的设计思路是语料库建设与应用的关键，语料库语料的选材与加工是语料库建设的重点和难点（王克非、熊文新，2009；Sadjirin *et al*，2018）。遵循Sinclair（2004）提出的语料库设计原则，结合Smith（2020）及广东金融学院的实践，人工智能辅助的金融英语语料库建设包括两大实施步骤：基于语域理论构建金融英语语料库；将金融英语语料库的构建流程融入ESP课程，构建全新的金融英语教学体系。

要建设金融英语语料库，首先需要确定语料来源。现有人工智能技术未能将语料分成足够具体的语篇类型，需要借助语言学理论进行。系统功能语言学认为，语篇是语言系统的实例（instance）或实例化（instantiation），也就是说，语篇影响语言的选择，而语言的选择也影响语篇，语言与语境之间是体现关系（realization），语言系统对应文化语境，而语篇对应情景语境（黄国文，2022；严世清，2024）。Halliday & Matthiessen（2014）认为情景语境可以用三个语境参数描写：语场（语言服务的社会行为）、语旨（交际方之间人际关系）和语式（文本呈现方式）。其中，金融语料库对应“语场”语境参数。Matthiessen（2015）进一步建立语域理论，将情景语境的语场分为八大社会符号过程（参见陈树坤、黄中习，2019）。本着语料库建设的科学性、丰富性和实用性原则，鉴于八大社会符号过程中“行事”的定义是利用语言参与某种社会活动，例如“打篮球”，广东金融学院金融语料库建设基于Matthiessen（2015）的语域理论，将金融英语语料分为解说、报告、再创作、分享、赋能、推荐和探索等七个社会符号过程的语域类型（见表1），分学期由任课教师根据课程类别、课程性质与教学内容与每届学生共建七个社会符号过程中的一个语料库。

表1　基于社会符号过程的金融英语语料库建构

社会符号过程	语域	举例
解说（expounding）	金融学相关教科书	会计、财务、投资学、银行学、证券学、保险学、信托学等科目的教科书
	理财类书	《漫步华尔街》《股市稳赚》《客户的游艇在哪里》
报告（reporting）	金融报道	亚洲金融智库年报、华尔街日报、经济学人
	信息披露	工商银行年报、中国人民银行年报
	金融机构新闻	美国富国银行编辑部发布新闻、高盛新闻稿、德国安联保险集团新闻、法国安盛保险集团编辑部发布新闻
再创作（recreating）	金融事件书籍	货币战争
	金融类课程学生课堂演讲	课堂学生演讲、商务秀比赛学生演讲
分享（sharing）	金融主题演讲	金立群演讲
	金融界人物访谈	金立群访谈
赋能（enabling）	金融产品说明	保险产品说明
	金融合同	证券法
推荐（recommending）	金融广告	基金广告
	融资融券	招股说明书
探索（exploring）	金融市场评论	金融网市场评论

其次是收集语料。为保障语料的全面性、准确性和真实性，基于爬虫类人工智能搜集软件收集各语域类型文本并筛选提取信息。除网络资源外，为更好地辅

助学生对学科内容的自主学习，使用Sketch Engine将金融学各科的教材、优秀课件、教案和练习卷等纳入金融学英语语料库建设范围，并提取相关材料中的关键词（含关键词组合），创造各科迷你学科术语语料库，将学科术语迷你语料库与通用语料库，如COCA（The Corpus of Contemporary American English）和BNC（The British National Corpus）中的词频进行对照，筛选一定数量的高频实用词语组合，作为课程基础语料库。为了金融语料的扩容发展和学科性，视课程及语域实际情况可选择：（1）使用BootCat（Baroni & Bernardini，2004），以所选取的关键词作为种子，在电脑上结合搜索引擎的人工智能功能（如必应的Azure虚拟机）获取一个更大的基于网页生成的语料库；（2）基于其他爬虫软件，如八爪鱼、集搜客、AnyPapa等，以指定的代表性网址作为爬取对象，获取一个更大的基于网址生成的语料库，并在语料库中根据语域理论遴选出适合教学的目标学习语域。

之后对收集的语料进行加工，是语料库建设的关键环节。金融新闻来源广泛，数据质量参差不齐，不同网站上的新闻可能存在大量冗余信息，比如HTML标记、URL、页面标签、特殊符号等，这些问题会影响后续的数据分析和挖掘。因此，在进行深入分析前，通常需要对爬取下来的新闻数据进行数据清洗，使文本数据更加规范和结构化，以确保数据质量。一般而言，通过语料的清洗、分词、去停用词等来完成语料的预处理工作。最后对语料进行标注，常见的标注类型包括词性标注（part-of-speech tagging）、语义标注（semantic annotation）和句法分析标注（syntactic annotation）等。标注方法可以是手动标注、自动标注或半自动标注，具体取决于语料的类型和目的。通过添加词性、语义、句法等标注层，原本仅包含文字序列的语料库变为具有多层次语言学属性的结构化语料，从而大幅提升语料的研究价值和应用范围。

有别于传统语料库，人工智能辅助ESP语料库在语料的获取、处理和分析上都可以基于人工智能在线平台或软件，大幅度提高建库效率。另一方面，在教授学生金融英语的同时融入最新科技成果，不仅在金融英语的学习上可以紧跟时代步伐，也能帮助非计算机专业的学生初步掌握人工智能技术在语言处理方面的应用，拓宽就业渠道。在课堂教学中，教师通过多样化、真实性的金融语料丰富ESP课堂输入，利用网络现有语料资源提供金融动态信息，以此提升学生的专业素养。比如教师在Sketch Engine（以利用其内嵌的语料分析工具Word Sketch）或在线数据分析平台或软件如Multidimensional Analysis Tagger（简称MAT）和AntConc等获取数据分析结果，生成可视化数据分析结果图表，如关键词清单、多维分布图、近义词反义词对照表、情感倾向分析分布图等，这种直观化的教学能有效提升学生对金融知识的感性认识。同时，在练习环节融入从金融英语语料库获取的关键词练习题，或引导学生进行课前课后自学与自我测验的方式，检验师生共建语料库的教学成效，从而进一步调整语料素材难度和改进教学实施方案。同时，也可以引导学生利用语料库分析软件AntConc或自然语言处理工具（Natural Language Processing，简称NLP）进行语言翻译或语义、语法分析学习，并展示分析结果或进行相关语言研究，以此提升学生的学科专业素养。

5 人工智能辅助金融英语建设实践案例

鉴于该校学生的主要就业方向之一为金融机构，而在金融机构工作时的一项基本内容为整理或发布金融机构新闻，为了让学生更好地掌握金融机构新闻的地道表达和用法，以笔者任教的《金融英语》Module 4 The Financial Markets and Interest Rates为例，建设“报告”社会符号过程中“金融机构新闻”的语料，具体做法为：要求2016级商务英语专业四个班的学生从指定金融机构使用人工智能工具下载时间段为2018年3月1日至2019年2月28日的公司新闻并转换为txt格式文件（编码为UTF-8），为确保语料的代表性与均衡性，结合语料获取的便捷性和国家/区域分布，选取同等资产规模和营业额的大型银行及保险机构（见表2），通过步骤一和步骤二形成总词数为988,661个的金融机构新闻英语语料库，具体的语料库建设过程如下。

表2　金融机构及该机构新闻项目网址

公司名称	机构新闻对应网站菜单位置
美国富国银行	Newsroom（https://newsroom.wf.com/English/home/default.aspx）
摩根大通	Press Releases（https://www.jpmorganchase.com/corporate/investor-relations/investor-relations.htm）
高盛	Press Releases（https://www.jpmorganchase.com/ir/news）
澳大利亚联邦银行	Newsroom Archive（https://www.commbank.com.au/newsroom/archive.html）
中国银行	BOC news（https://www.boc.cn/en/bocinfo/bi1/）
工商银行	News（https://www.icbc-ltd.com/en/column/1438058326469787750.html）
农业银行	News Update（https://www.abchina.com/en/AboutUs/news/）
建设银行	News（http://en.ccb.com/en/newccbtoday/v3/whatsnew/whatsnew.html）
中国平安保险集团	All news（https://group.pingan.com/media/news.html）
中国太平洋保险	Investment Newsletters（http://www.cpic.com.cn/ir_en/qtckzl/tzztx/）
荷兰全球保险集团	News Room (https://www.aegon.com/newsroom/）
德国安联保险集团	Press (https://www.allianz.com/en/press.html)
美国国际保险集团	News (https://www.aig.com/home/newsroom)
英国英杰华保险集团	Company News (https://www.avivainvestors.com/en-gb/about/company-news)
法国安盛保险集团	Press Releases (https://www.axa.com/en/press/press-releases)
美国大都会保险	Newsroom (https://www.metlife.com/about-us/newsroom/)

步骤一：使用Sketch Engine上传Module 4 The Financial Markets and Interest Rates的教学材料，如教材文本、课件、教案等，在Sketch Engine中形成课程迷你语料库，然后根据COCA和BNC词频，在课程迷你语料库中筛选一定数量的高频实用关键词，形成课程学习迷你基础语料库。

步骤二：把学生分为6—8人为一组积极实践人工智能辅助语言学习，通过布置小组作业（占课程总评分数20%），要求学生对金融机构新闻使用八爪鱼定制流程进行语料下载。首先，在八爪鱼首页的输入框中输入目标网址，点击“开始采集”，目标网址中的内容就会被自动读取。其次，研究者可以通过智能识别功能自动识别或自主选择网页中需要采集的数据，并启用“采集”功能，自动采集网页中的日期、标题、标题链接、正文和所属标签。最后，把采集出来的数据导出为Excel或csv文件，并使用Python中的Pandas工具库将表格文件转换为txt文件至本地储存。如果涉及PDF文件，则需要用PDF Foxit Reader软件将数据源转化为文本文件，同时删除图像和表格。

步骤三：对收集的语料进行加工，即通过对齐、删除和标注等数据清理方式，去除爬取网页内容中的特殊字符、表格、图象等。而特殊符号则可以通过Python中的‘re.sub()’函数，运用正则表达式（Regular Expression）对文本数据进行移除特殊字符和去除多余的空格等操作。

步骤四：用NLTK、Standford CoreNLP或Tokenizer自动分词软件将句子分成词块，并将句子中的单词转化成编码，之后给每个词或词组进行词性标签。如可以使用NLTK库中的‘word_tokenize()’函数对文本数据进行分词。将分词后的文本数据保存到txt文件中，以便后续的文本分析和挖掘。最后根据具体场景去除对文本特征没贡献作用的字词，如语气、标点符号、人称等词以保证入库资料的正确性。为保障语料库信息的完整性，还可以向数据集添加元语言标记（Sadjirin *et al*，2018），即添加描述的过程，例如关于文本的信息、文本类型、发布年份、作者性别等。

步骤五：根据研究需求，对语料进行标注。如需要进行词性标注，可以使用StanfordCoreNLP库中的标注功能，通过“pos_tag()”函数进行标注。同时，我们也可以进行一些额外的文本处理工作，通过StanfordCoreNLP库中的“ner()”函数进行命名实体识别操作，或通过“dependency_parse()”函数进行句法分析等。

步骤六：构建支持索引、共现和词频统计功能的金融新闻语料库网站。通过上述对语料库中的文本数据进行预处理和分词，可以构建出倒排索引，确保每个词项都能快速映射到其在文档中的出现情况。接着，使用NLTK库中的“FreqDist()”统计每个词项在语料库中的词频，即出现的次数。同时，通过NLTK库中的“concordance()”函数找到特定单词并显示出上下文，从而计算词项之间的共现关系。

6 结语

人工智能辅助的金融英语语料库的建设与应用研究旨在融合教育信息技术与课堂革命。为了实现个性化外语学习和专业化培养相结合的目标，ESP课程学生的跨学科能力培养应采用创新视角，融入基于人工智能辅助的语料库资源，在信息载体、理论演绎与课内外活动环节嵌入语料库话语的结合点，通过信息的关联与展现形式的重构，必将能够最大限度地匹配学习需求，调动教学热情，为学科英语教学和研究提供智能支持，同时对同类课程的教学提供启示，促进整个ESP课程体系的良性运转。

参考文献：

BARONI M, BERNARDINI S, 2004. BootCaT: bootstrapping corpora and terms from the web. Language resources and evaluation[R]. Paper presented in proceedings of the 4th language resources and evaluation conference (LREC). http://www.lrec-conf.org/proceedings/lrec2004/pdf/509.pdf.

BLOOR M, BLOOR T, 1986. Language for specific purposes: practice and theory[C]// CLCS occasional papers. Dublin: Centre for Language & Communication Studies, Trinity College: 1-39.

CROSTHWAITE P, NINGRUM S, SCHWEINBERGER M, 2022. Research trends in corpus linguistics: a bibliometric analysis of two decades of scopus-indexed corpus linguistics research in arts and humanities[J]. International journal of corpus linguistics, 28(3): 344-377.

DIVEKAR R R, DROZDAL J, CHABOT S, ZHOU Y, SU H, CHEN Y, ZHU H, HENDLE J. A, BRAASCH J, 2022. Foreign language acquisition via artificial intelligence and extended reality: design and evaluation[J]. Computer assisted language learning, 35(9): 2332-2360.

HALLIDAY M A K, MATTHIESSEN C, 2014. An introduction to functional grammar[M]. Abingdon: Routledge.

HARRIS Z S, 1988. Language and information[M]. New York: Columbia University Press.

HARRIS Z S, 2002. The structure of science information[J]. Journal of biomedical informatics, 35(4): 215-221.

HOEY M, 2005. Lexical priming: a new theory of words and language[M]. London: Routledge.

HYLAND K, 2016. General and specific EAP[C]//HYLAND K, SHAW P. The Routledge handbook of English for academic purposes. London and New York: Routledge: 17-29.

HYLAND K, 2018. Sympathy for the devil? A defence of EAP[J]. Language teaching, 51(3):

383-399.

ILCHENKO O, KRAMAR N, 2020. English for academic purposes: keeping up with the times[J]. Studia linguistica, 16: 40-57.

JIANG F, Hyland K, 2020. A bibliometric study of EAP research: who is doing what, where and when?[J]. Journal of English for academic purposes, 49(2): 1-30. doi:10.1016/j.jeap.2020.100929.

KANNAN J, MUNDAY P, 2018. New trends in second language learning and teaching through the lens of ICT, networked learning, and artificial intelligence[J]. Círculo de lingüística aplicada a la comunicación, 76: 13-30.

MATTHIESSEN C, 2015. Register in the round: registerial cartography[J]. Functional linguistics, 2(1): 1-48.

NISHIO T, NAKATSUGAWA M, 2020. 'Successful' participation in intercultural exchange: tensions in American-Japanese telecollaboration[J]. Language learning & technology, 24(1): 154-168.

PACK A, BARRETT A, 2021. A review of virtual reality and English for academic purposes: understanding where to start[J]. International journal of computer-assisted language learning and teaching, 11(1):72-80.

PEREIRA F, 2000. Formal grammar and information theory: together again?[J]. Philosophical transactions of the Royal Society of London. Series A: mathematical, physical and engineering sciences, 358 (1769): 1239-1253.

SADJIRIN R, AZIZ R A, NORDIN N M, ISMAIL M R, BAHARUM N D, 2018. The development of Malaysian corpus of financial English (MaCFE)[J]. GEMA online journal of language studies, 18(3): 73-100.

SINCLAIR J, 2004. Corpus and text-basic principles[C]// WYNNE M. Developing linguistic corpora: a guide to good practice. Oxford: Oxbow Books: 1-16.

SMITH S, 2020. DIY corpora for accounting & finance vocabulary learning[J]. English for specific purposes, 57: 1-12.

陈树坤，黄中习，2019. 再实例化视角下民族志多模态译注研究——以《回招亡魂：布洛陀经文》为例[J]. 西藏民族大学学报（哲学社会科学版），40（2）：96-102，119.

傅秀琳，冯茹，2023. 社会翻译学视域下ESP翻译教学模式探究[J]. 林区教学（1）：76-79.

黄国文，2022. 什么是系统功能语言学[J].北京科技大学学报（社会科学版），39（1）：73-89.

桂诗春，2004. 以语料库为基础的中国学习者英语失误分析的认知模型[J]. 现代外语（2）：129-139，216.

胡春雨，李雨欣，卢春梅，2022. 商务英语通用语交际中道歉言语行为的语料库语用学研究[J]. 中国外语，19（3）：43-52.

李广伟，戈玲玲，蒋柿红，2015. 高等教育国际化背景下的ESP语料库研制及应用研究[J]. 西安外国语大学学报，23（2）：74-77.

刘泉，2022. 基于民航专业英语语料库的体裁教学实践研究[J]. 中国ESP研究（4）：93-102，126.

王龙吟，何安平，2005. 基于语料库的外语教学与二语习得的链接[J]. 外语与外语教学（3）：28-32.

王克非，熊文新，2009. 用于翻译教学与研究的英汉对应语料库加工处理[J]. 外语电化教学（6）：3-9.

王艳艳，王美桦，2022. "新文科"视域下专门用途英语教学创新与发展综述[J]. 中国ESP研究（3）：39-45，115.

吴岩，2019. 新使命大格局新文科大外语[J]. 外语教育研究前沿，2（2）：3-7，90.

邢浩，陈佩莹，2021. 人工智能背景下金融领域语料库建设的研究现状综述[J]. 现代英语（20）：118-120.

严世清，2024. 论语义发生学理论的哲学涵义[J]. 北京科技大学学报（社会科学版），40（2）：70-77.

作者简介：

钟泽楠　广东金融学院外国语言与文化学院副教授，商务英语系副主任。研究方向：外语教学、符号学、多模态翻译。通信地址：广东省广州市天河区龙洞迎龙路北瑜翠园F2505。邮编：510520。电子邮箱: zenan.zhong@gduf.edu.cn

朱冰霞　广东金融学院外国语学院讲师。研究方向：英语教学法、外语教师发展。通信地址：广东省广州市天河区黄村王园路13号海警小区3-408。邮编：510660。电子邮箱：22-106@gduf.edu.cn

涂兵兰　广东金融学院外国语言与文化学院教授、外国语言与文化学院院长。研究方向：翻译理论与实践。通信地址：广东省广州市天河区迎福路527号2408外文学院办公室。邮编：510521。电子邮箱：22-125@gduf.edu.cn

陈　靖　上海外国语大学博士生。研究方向：计算语言学、语言测试。通信地址：上海市松江区文翔路1550号。邮编：201620。电子邮箱：ischenjingxxx@163.com

（责任编辑：孟晖）

基于可比语料库的体育新闻英译翻译共性研究*

刘诗语　中国石油大学（北京）
于　红　中国石油大学（北京）

提　要：本文通过自建可比语料库，比较体育新闻的英译文本与英语原创文本，从词汇多样性、词汇密度、高频词、连接词等角度，描写并分析其在词汇、句法和语篇层面的语言特征。研究探讨英译体育新闻是否符合翻译共性假设中的简化、显化和范化现象。结果表明，英译体育新闻验证了显化和范化假设，但未能体现简化趋势。此外，研究针对译文中存在的过度名词化及情感表达不足等问题提出了改进建议，以期为我国体育新闻的翻译提供参考，满足体育新闻译者专业需要，促进国际体育文化的交流与传播。

关键词：可比语料库；翻译共性；体育新闻英译

1　引言

体育是全球竞技的舞台，更是展示国家综合实力和文化魅力的重要窗口。体育新闻作为一种专门报道体育领域事件、比赛动态及运动员表现的新闻形式，发挥着至关重要的作用。体育新闻的翻译不仅直接影响全球体育交流，在文化传播和国家形象塑造方面也具有深远影响。

近年来，随着体育事业的蓬勃发展，体育新闻的关注度显著提升。张浩（2020）对我国体育新闻翻译的研究进行了梳理，涵盖以下几个方面：翻译策略、翻译原则与技巧、标题翻译、隐喻翻译以及习语翻译。例如，欧阳娜（2015）分

* 本文系北京市社会科学基金规划项目“多模态视域下中西能源话语比较研究”（项目编号：21YYB006）以及“中国石油大学（北京）研究生教育质量与创新工程项目‘三进’教育指导下的《计算机辅助翻译》课程案例库建设”（项目编号：yjs2022028）的阶段性研究成果。感谢审稿专家提出的宝贵意见。

析了跨文化意识下体育新闻常用习语的英译方法；张丽丽（2016）探讨了篮球和足球等体育项目的本土化翻译策略。由于多个重要体育赛事的举办国以英语国家为主，我国的体育新闻翻译多集中在英汉翻译领域。例如，毛宇乐和高歌（2023）运用“5W”传播理论评析了世界杯新闻的英汉翻译等。杨飞（2015）从ESP视角研究了国内大型国际赛事体育英语翻译人才匮乏、专业知识欠缺的现状，彰显出体育新闻英译研究的必要性。

随着我国文化软实力和国际影响力的提升，全球体育格局逐渐变化，中国体育“走出去”的步伐加快，讲好中国体育故事的需求愈加迫切。因此，系统研究体育新闻的语言特征，特别是体育新闻的汉英翻译，显得尤为重要。本文基于翻译共性理论，运用语料库研究方法，对比分析英译体育新闻与英文原创文本的语言特征，旨在为我国体育新闻翻译提供参考，提升翻译质量，促进国际体育文化的交流与传播。

2 文献综述

Baker（1993：243）提出了基于语料库的翻译普遍特征的假设，认为“翻译共性即通常呈现在翻译文本而非源语文本中的特征，并且不是特定语言系统干扰的结果”。因此，译文与原文在语言特征上表现出一定的差异，翻译共性指的正是这些译文中独有的语言特征。自此，翻译逐渐被视为一种独立的语言存在，强调其表现出的不同于非翻译文本的普遍特征。

Baker（1996）将翻译共性分为简化、显化、范化和整齐化四种类型，这四个特点均会体现在翻译文本中的词语和句法当中。简化是指在翻译中简化语言的倾向（Baker，1996）。Laviosa（2002）对简化进行了研究，发现翻译文本中使用的词汇范围比非翻译文本中使用的词汇范围要窄，词汇与运行词的比例较低，平均句长较低。换言之，词汇简化是指用更少的词来表达思想的过程及产物（Blum-Kulka & Levenston，1978）。

显化最早由Vinay & Darbelnet（1997）提出，他们认为译者往往会在译文中明示源语中隐含的信息，增加衔接与连贯性。更具体地说，为了使原文中隐含的信息为读者所理解，译者往往会在译文中添加必要的信息，来增加文本的明示程度（Shuttleworth & Cowie，1997）。王克非、胡显耀（2010）发现汉语翻译文学中各类人称代词的使用频率均高于原创文学，验证了汉语翻译文学的显化特征；许家金、徐秀玲（2016）对比了汉英翻译英语和原创英语中的25项语篇衔接特征，研究发现翻译英语中呈现显化特征。范化则指译文趋向于遵循、甚至夸大目标语中的典型语言模式（Baker，1996）。潘峰（2014）对比分析汉英会议口译中汉语及其英译文本的语言特征，证明了汉英会议口译过程的范化倾向。简化、显化和范化这三种特征从不同角度解释了翻译共性现象。

近年来，翻译共性引起国内外学者的广泛关注，相关研究成果丰硕。然而，现有研究存在一些不足：（1）研究对象多集中于小说（王汝蕙，2020；胡开宝、邹颂兵，2009）、政府公文（胡开宝、田绪军，2018；于红，2016）和诗歌（高博、陈建生，2011）等文本，关于体育新闻的研究相对较少；（2）国内体育新闻翻译研究主要关注翻译实践与策略（张浩，2020），尽管有过冰雪体育项目英汉平行语料库的建设尝试（邹瑶等，2018），但从翻译共性的视角考察翻译语言特征的相关研究依然较为缺乏。基于此，本研究运用语料库研究方法，比较分析英语翻译体育新闻与英语原创体育新闻的语言特征，探讨英译体育新闻是否符合翻译共性假设。旨在为我国体育新闻翻译提供参考，满足体育新闻译者专业需要。

3 研究设计

为了探讨英语翻译体育新闻与英语原创体育新闻在语言特征上的差异，本研究采用了可比语料库的方法。Baker（1995）将可比语料库定义为同一种语言的两类独立文本集：一类是该语言的原生文本，另一类则是从其他语言翻译过来的文本。武光军、王克非（2011）进一步解释指出，可比语料库由原生文本和翻译文本组成，主要用于识别不受源语或目标语影响的、翻译文本特有的语言模式。

本研究所构建的可比语料库包括两个子库：英语翻译体育新闻（简称TSN），选自《中国日报》《环球时报》以及中国奥委会官方网站等国家级英文媒体；英语原创的体育新闻（Wireless Sensor Networks，简称WSN），来源于美国有线电视新闻网（CNN）、中国奥委会官方网站及美国娱乐与体育电视台（Entertainment and Sports Programming Network，简称ESPN）。两个子库在语域、语言类型及时间跨度上均具有相似性，具备比较的基础。

本研究聚焦于简化、显化和规范化三个维度，利用语料库检索工具对比分析英语翻译体育新闻与英语原创体育新闻的语言差异，并进行定量分析。具体而言，简化维度通过Wordsmith 8.0分析词汇特征，并使用AntConc计算词汇密度和平均句长；显化趋势考察了连接词和人称代词主语的使用频率，并通过卡方检验评估差异的显著性；规范化假设则探讨了名词化现象和被动语态的特征。此外，本研究结合语料库中的具体实例，进一步探讨这些差异产生的原因。

4 研究结果与分析

4.1 简化

4.1.1 词汇多样性

类符形符比（TTR）指文本中类符与形符的比率，可以反映出翻译者的词汇丰富度和文本的词汇多样性（Baker，2001）。类符是指不同的词语，形符是指所有的词形。“TTR的数值越高，表明文本的词汇丰富度较高，文本的阅读难度较大；反之，词汇丰富度越低，文本的阅读难度越小”（于红，2016：80）。本研究的可比语料库容量存在差异，因而采用计算每千字比率的标准化类符形符比（STTR）进行分析，见表1。

表1　标准类符形符比

	TSN	WSN
类符	5,263	18,606
形符	52,895	131,581
STTR	42.42	39.92

根据表1，TSN的STTR（42.42）高于WSN（39.92），词汇丰富度较高，简化趋势并不明显。

4.1.2 平均句长

平均句长指的是一个文本语料中所有句子的平均长度，该长度通常以句子所包含的词数或字数所表示。Baker（1996：180）指出：“译文通常比原文长。”Laviosa（1998）也进一步验证了这一结论。句子越长，其中包含的信息就越多，因而得以验证简化趋势。本研究利用Wordsmith中的Wordlist功能获取了WSN和TSN的平均句长数据，结果见表2。

表2　平均句长

	TSN	WSN
平均句长	25.92	22.17

根据表2，TSN的平均句长高于WSN，这说明英译文本难度大，可读性低，未能证明简化趋势。

4.1.3 高频词

“词表是语料库中出现的所有单词的列表及其出现的频次”（Olohan，2004：77）。高频词表是指词表中出现频率较高的单词的列表，本研究通过AntConc生成了语料库的词表，将词表中单词按频次高低排序，选取了前20的单词制成了高频词表（见表3）。

表3　高频词

排序	TSN	频次	WSN	频次
1	beijing	552	the	1,986
2	games	357	and	1,453
3	olympic	255	in	1,113
4	winter	254	of	904
5	olympics	251	to	837
6	sports	250	a	779
7	team	250	for	570
8	china	224	games	492
9	athletes	219	winter	491
10	the	188	with	471
11	their	188	its	306
12	all	186	is	298

（待续）

（续表）

排序	TSN	频次	WSN	频次
13	world	184	olympic	293
14	we	179	china	291
15	gold	174	on	277
16	her	173	at	268
17	ioc	173	as	165
18	its	162	sports	159
19	not	160	that	156
20	new	149	beijing	155
合计		4,528		11,464
比例		8.52%		8.56%

根据表3可知，TSN受中文源语影响而带有更多的实词，英译文本的高频词比例较低，简化趋势并不显著。

4.1.4 词汇密度

词汇密度是指实词的数量与运行词的数量之比（Ure，1971）。因此，词汇密度与文本中包含的信息量及其复杂性相关。当词汇密度较低时，文本更易于阅读和理解，见图1、表4。

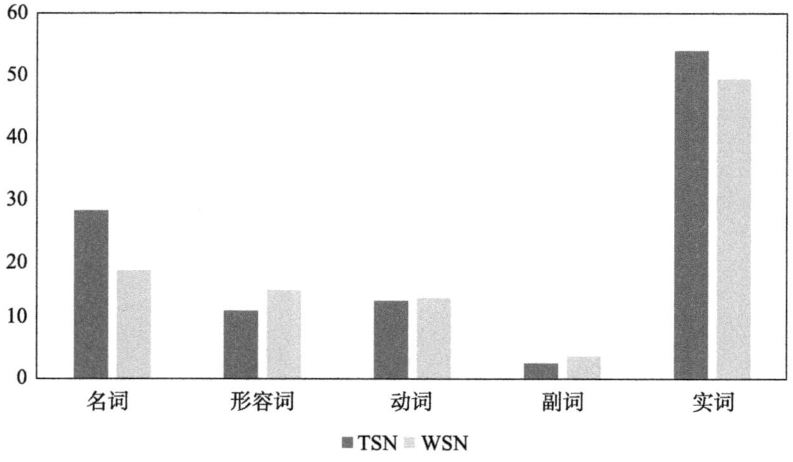

图1　实义词分布比例

表4　实义词分布比例（单位：%）

	名词（%）	形容词（%）	动词（%）	副词（%）	实词（%）
TSN	27.6	11.12	12.76	2.65	54.13
WSN	17.76	14.47	13.27	3.91	49.41

在英语中，实词是具有稳定词汇含义的词，包括名词、动词、形容词和副词。通过获得每个词汇类别的数量，可以计算出包括名词、动词、形容词和副词在内的总实词数量，从而得到实词的百分比，即词汇密度的数值。

据图1所示，TSN的实义词比例（54.13%）高于WSN（49.41%），表明英译体育新闻的文本信息密度高于英语原创文本，不符合简化趋势。此外，为确保结果的准确性，对词性进行了卡方检验，其结果见表5。

表5　词类分布

词性	频率.TSN	频率.WSN	卡方	显著性（p）	迹象
名词	14,599	23,369	2234.9122	0.000	+
形容词	5,882	19,040	362.3691	0.000	-
动词	6,749	17,461	8.6069	0.003	-
副词	1,402	5,145	174.9965	0.000	-
实词词汇密度（%）	54.13	49.41			

卡方检验是一种测试语料库中词汇或其他指标是否存在显著差异的方法。如果数据结果（p值）小于0.05，则表示两个语料库之间存在显著差异。右侧的“+”和“-”符号表示“过度使用”和“欠使用”。在表5中，显著性均小于0.05，具有统计意义，因此进行进一步分析。

名词的“+”表示英译文本使用了更多的名词。“-”表示英译文本使用的动词、形容词和副词较少，这为下文的名词化研究埋下伏笔。同时，结合图1可知，翻译文本中的名词密度高，而动词、形容词和副词的密度则相对较低。名词携带的信息量丰富，再加上大量体育专业术语，更增加了阅读难度。

4.2 显化

4.2.1 连接词

Halliday & Hasan（1976）认为衔接是实现连贯的必要途径，把英语中的衔接手段分为五个大类，即照应、替代、省略、连接和词汇衔接。他们又按连接语义区分为四个大类：即添加、转折、因果和时空。本研究参考了黄立波（2008）对翻译中连接成分的研究，使用AntConc对添加连词、转折连词和因果连词这三类连词的频率进行分析，结果见表6。

表6 连接词

类别	频率. TSN	频率. WSN	卡方	显著性（p）	迹象
添加连词	84	137	9.4298	0.195	+
转折连词	178	293	19.2902	0.000	+
因果连词	199	293	33.5874	0.000	+
共计	461	723	61.3682	0.000	+

在表6中，卡方显著性均小于0.05，具有统计学意义。此外，“+”表明TSN使用了更多的连接词。这说明英译体育新闻中连接词的使用频率确实高于英语原创体育新闻，这证明了显化趋势的存在，即在翻译过程中，句子之间的连接词明晰，逻辑关系也更加清晰。例如：

例1：*Parasports ethics have been strengthened. Doping and other violations are forbidden **so as to** ensure fairness and justice in parasports.*（加强残疾人体育道德作风建设，严禁使用违禁药物和各种违规行为，维护残疾人体育比赛的公平、公正。[1]）

例2：*Not as something that defines you, **but** something that is part of who you are. As you embrace it, you find your strength.*（不要让缺陷定义你，而是将其视为你的一部分。当你接纳它时，你会发现自己的力量。[2]）

例3：*Despite having competed at every Winter Games since Salt Lake City in 2002, China did not win a single medal until the 2018 Winter Paralympics, **where***

1 本例选自2022年中国奥委会官方网站。

2 本例选自2022年中国日报新闻。

China won their first-ever gold medal as well as the first medal in the wheelchair curling competition.（虽然中国参加了自2002年盐湖城以来的每一届冬残奥会，但一直颗粒无收。直到2018年冬残奥会，中国获得了有史以来的第一枚金牌及轮椅冰壶比赛中的第一枚奖牌。[1]）

在例1-3中，原文中没有添加连词、转折连词或因果连词，但这并不意味着句子之间没有逻辑意义，这种没有语言标记的句间逻辑关系是隐含的，可以通过上下文理解。但在翻译中，句间通过连接词连接。例句1中的“so as to”一词表现出这句话的因果关系，是衔接整句话的重要词汇。例2中的“but”和例3中的“where”是整个句子的转折点，同时它也起到了很重要的衔接前后句的作用。这是因为译者对隐含的逻辑关系进行了阐述，使译文更加清晰，这验证了显化趋势。

4.2.2 人称代词主语

除了连词的阐释外，人称代词主语的阐释是翻译过程中另一个值得注意的现象。在话语中，人称代词可以作为明确的标记，使主语更加清晰（黄立波，2008）。这种阐释过程是指在译文中加入源文本中没有的人称代词主语，使目标文本更加明确。阐释假说认为，人称代词主语在英译文本中出现的频率应高于英语原创文本。表7中，卡方检验的结果证明，第一人称代词主语、第二人称代词主语、第三人称代词主语和人称代词主语总数的显著性均小于0.05，具有统计学意义。

表7　人称代词

词性	频率.TSN	频率.WSN	卡方	显著性（p）	迹象
第一人称	113	459	22.3120	0.000	+
第二人称	79	118	12.5943	0.000	+
第三人称	222	845	32.4777	0.000	+
共计	414	1,422	54.6338	0.000	+

此外，“+”说明英语翻译体育新闻中人称代词主语的使用频率确实高于英语

1 本例选自2022年新华社新闻。

原创体育新闻，符合显化假说。相关译例如下：

例4：*If **you**'re more active physically, **you**'re much healthier, mentally and physically.*（越是积极参与运动的人，身心就会越健康。[1]）

例5：***We** will make the most of the legacy of the Beijing 2022 Winter Olympics and Paralympics, and promote the development of ice and snow sports and the winter economy. **We** will see that more sports venues and facilities are built close to people's homes and promote extensive public fitness activities.*（用好北京冬奥会、冬残奥会遗产，发展冰雪运动和冰雪产业。建设群众身边的体育场地设施，促进全民健身蔚然成风。[2]）

例6：*After some attempts to incorporate **it** into a winter pentathlon, biathlon appeared at the Games in its current form in 1960 in Squaw Valley.*（在几次被试图纳入冬季五项运动后，冬季两项于1960年在斯阔谷以目前的形式现身冬奥会。[3]）

例4中，译者在两处添加了主语“你”。第一个“你”是对“积极参与运动”的逻辑主语的翻译，而第二个“你”是解释身心健康的主语。例5中，“用好北京冬奥会、冬残奥会遗产”短语没有主语，其逻辑主语应是说话人所代表的国家，因此译文添加了主语“我们”。在例6中，“被试图纳入冬季五项运动”的主语实际上是运动，但原文省略了它。在译文中，译者添加了第三个人称代词主语“it”来指代运动。因此，体育新闻翻译证明了显化趋势的存在。

4.3 范化

4.3.1 名词化

名词化是指在语法上从其他词性的词，一般是动词和形容词，转化为名词词组的过程（Biber *et al*，1998）。英语善用名词结构，名词化倾向是英语正式文体最显著的特点之一。名词化现象使译文更符合目标语言的特点。本研究使用AntConc中的Concordance功能，统计了“-tion”“-sion”“-ness”“-ment”和“-ity”五个常见的后缀，结果见表8。

1 本例选自2022年中国日报新闻。

2 本例选自2022年中国日报新闻。

3 本例选自2022年中国环球电视网新闻。

表8　名词化

后缀	频率. TSN	频率. WSN	卡方	显著性（p）	迹象
-tion	1,756	1,549	984.3616	0.000	+
-sion	913	613	730.3510	0.000	+
-ness	591	577	276.3124	0.000	+
-ment	313	469	49.4885	0.000	+
-ity	122	547	35.7620	0.000	-
总计	3,695	3,775	1,645.5560	0.000	+

在表8中，卡方计算器的显著性均小于0.05，具有统计学意义。此外，“+”表明英译体育新闻的名词化现象显著，符合范化假说。相关译例如下：

例7：*Developing parasports is an effective way to help persons with disabilities to physical fitness* ***improvement****, pursue physical and mental* ***rehabilitation****, social activities* ***participation****, and achieve all-round development. It also provides a special opportunity for the public to understand better the potential and value of the disabled, and social harmony and progress* ***promotion****.*（残疾人体育是残疾人增强体质、康复身心、参与社会、实现全面发展的有效途径；是人们认识残疾人潜能与价值、促进社会和谐共进的独特渠道。[1]）

例8：*The stage then turned into a beautiful shade of green, which was a symbol of the shifting of past negativity into the* ***blossoming*** *of a new day.*（舞台随后变化成一片唯美的绿地，转而大地回春，一片生机盎然的景象。[2]）

例7中，动词“增强”“康复”“参与”和“促进”分别译为“improvement”“rehabilitation”“participation” and “promotion”，即“improve”“rehabilitate”“participate” and “promote”的名词化形式。此外，例8中的形容词“生机盎然的”被译为名词“blossoming”。

例9：*The performers of the first show dressed in green to form a phalanx, waving long green branches. Cooperating with special effects such as lighting, they simulate the* ***vigorous*** *growth of grass, which indicates that everything is*

1　本例选自2022年中国日报新闻。

2　本例选自2022年中国国际电视台。

revived *and* ***vibrant***.

同样是对冬奥会开幕式二十四节气的描写，例9中的英文原创体育新闻使用了大量形容词，如“vigorous”“revived”“vigrant”等，而不像例8中的英译体育新闻将形容词翻译成名词形式，这证明了英译体育新闻文本的名词化现象，进一步验证了范化假说。

4.3.2 被动语态

被动语态是动词的一种形式，表明主语是动作的承受者，被动句在英语中的使用频率远远高于汉语，是英汉之间最显著的差异之一（Leech & Svartvik，1975）。本文使用Treetagger对文本进行标记后，通过Antconc对被动句进行了分析统计，结果见表9。

表9　被动语态

	频率.TSN	频率.WSN	卡方	显著性（p）	迹象
VB VVN	41	178	662.3915	0.000	+
VBD VVN	114	140	205.4856	0.000	+
VBG VVN	5	31	2.0200	0.155	+
VBZ VVN	41	82	21.7609	0.000	+
VBP VVN	33	57	21.4656	0.000	+
VBN VVN	57	92	59.4746	0.000	+
Total	291	580	662.3915	0.000	+

表9中，除了VGB VVN（BE动词的现在分词）的显著性大于0.05，不具有统计学意义，不做深入分析。其余卡方显著性均小于0.05，具有统计意义，做进一步分析。此外，“+”表明TSN使用了更多的被动语态，符合范化趋势。相关译例如下：

例10：*Within the closed loop, participants will* ***be allowed*** *to move only between games-related venues for training, competitions, and work.*（在闭环内，参与者将只能在冬奥会场地间活动，参加与本人训练、比赛和工作等有关活动。[1]）

1 本例选自2022年中国国际电视台。

例11：*The closed-loop management system, to* ***be implemented*** *from January 23, 2022, until the end of the Paralympics on March 13, will cover all games-related areas, including arrival and departure, transport, accommodation, catering, competitions, and the opening and closing ceremonies.*[1]（从1月23日至3月13日冬残奥会结束，将实施闭环管理，以确保冬奥会的安全举办。闭环管理涵盖抵离、交通、住宿、餐饮、竞赛、开闭幕式等所有涉冬奥场所。）

例11和例12是汉语中典型的无标记被动句，含有隐含的被动意义。虽然汉语原文中没有明显的被动标记，但动词所包含的意义是被动的。与英语相比，汉语讲者的语义表达和理解策略更依赖直觉。长期以来，汉语中的动词既有主动义也有被动义，判断在特定语境中一个动词是主动还是被动已经成为汉语使用者的先入之见。“实施”和“只能在”这类在语境中表达命令的祈使句实际上包含被动意义，因此译者在翻译中呈现被动意义，以使其更准确、客观，并更易于读者理解。

5　结语

本研究以英译体育新闻为对象，基于翻译共性理论，从简化、显化和范化三个层面出发，将英文原创体育新闻作为参照语料进行对比。通过语料库检索工具，从词汇多样性、平均句长、高频词、词汇密度、连接词、人称代词主语、名词化和被动语态等多个角度，结合具体译例，深入分析了英译体育新闻的语言特征。研究发现：（1）英译体育新闻的词汇密度更高，词汇更加丰富，单词和句子长度均较长，且词汇难度更大，这与简化假设不符；（2）英译体育新闻中连接词和人称代词的使用频率更高，证明了显化假设；（3）名词化和被动语态在英译体育新闻中更为频繁，表明其具有范化倾向。

进一步的文本分析揭示，英译体育新闻存在过度名词化和情感表达不足的问题，具体表现为名词的过度使用，而形容词、动词和副词的使用相对较少。这种译法缺乏对情感的展现，导致文本阅读体验较为单调乏味。体育新闻本身包含大量专业术语，过度的名词化使语篇更加晦涩难懂，未能有效实现新闻传播的预期

1　本例选自2022年奥组委官网。

效果。

为了提升体育新闻翻译的质量，必须打破刻板僵化的正式书面翻译模式，深入理解英汉语言模式的差异，同时考虑海外受众的思维习惯。在翻译过程中，应平衡“情感”与“客观”两个方面，采用规范而理性的语言，并以生动、专业的表达方式呈现体育比赛场景，以此提高我国体育新闻的翻译质量。

参考文献：

BAKER M, 1993. Corpus linguistics and translation studies: implications and applications[C]//BAKER M, FRANCIS G, TOGNINI-BONELLI E. Text and technology: in honor of John Sinclair. Amsterdam and Philadelphia: John Benjamins Publishing Company: 233-250.

BAKER M, 1995. Corpora in translation studies: an overview and some suggestions for future research[J]. Target, 7(2): 223-243.

BAKER M, 1996. Corpus based translation studies: the challenges that lie ahead[C]//SOMERS H. Terminology, LSP and translation. Amsterdam and Philadelphia: John Benjamins Publishing Company: 175-186.

BAKER M, 2001. Towards a methodology for investigating the style of a literary translator[J]. Target, 12(2): 241-266.

BIBER D, CONRAD S, REPPEN R, 1998. Corpus linguistics: language acquisition and development[C]//BIBER D, CONRAD S, REPPEN R. Corpus linguistics: investigating language structure and use. Cambridge: Cambridge University Press: 172-202.

BLUM-KULKA S, LEVENSTON E, 1978. Universals of lexical simplification[J]. Language learning (28): 399-415.

HALLIDAY M, HASAN R, 1976. Cohesion in English[M]. London: Longman Group.

LAVIOSA S, 1998. Core patterns of lexical use in a comparable corpus of English narrative prose[J]. Meta, 43(4): 557-570.

LAVIOSA S, 2002. Corpus-based translation studies: theory, findings and applications[M]. Amsterdam: Rodopi.

LEECH G, SVARTVIK J, 1975. Communicative grammar of English[M]. London: Longman Group.

OLOHAN M, 2004. Introducing corpora in translation studies[M]. London: Routledge.

SHUTTLEWORTH M, COWIE M, 1997. Dictionary of translation studies[M]. Manchester: St. Jerome Publishing.

URE J, 1971. Lexical density and register differentiation[M]. Cambridge: Cambridge University Press.

VINAY J P, DARBELNET J, 1997. Comparative stylistics of French and English[M]. Amsterdam: John Benjamins Publishing Company.

高博，陈建生，2011. 基于语料库的中国古典诗词译本中的翻译共性研究——以《诗经》英译本为案例[J]. 外国语言文学，28（4）：257-262，288.

胡开宝，田绪军，2018.《政府工作报告》英译文本的语言特征与文本效果研究——一项基于语料库的研究[J]. 外国语文，34（5）：1-11.

胡开宝，邹颂兵，2009. 莎士比亚戏剧英汉平行语料库的创建与应用[J]. 外语研究（5）：64-71，112.

黄立波，2008. 英汉翻译中人称代词主语的显化——基于语料库的考察[J]. 外语教学与研究，40（6）：454-459，481.

毛宇乐，高歌，2023. "5W" 传播理论视角下的体育新闻英汉翻译——以卡塔尔世界杯新闻为例[J]. 英语广场，23（34）：28-32.

欧阳娜，2015. 跨文化意识下的体育新闻习语翻译[J]. 新闻战线（9）：133-134.

潘峰，2014. 基于语料库的汉英会议口译中范化现象研究[J]. 外国语文，30（6）：144-150.

王克非，胡显耀，2010. 汉语文学翻译中人称代词的显化和变异[J]. 中国外语，7（4）：16-21.

王汝蕙，2020. 基于语料库的翻译共性研究——以《生死疲劳》英译本为例[J]. 中国现代文学研究丛刊（9）：181-193.

武光军，王克非，2011. 基于英语类比语料库的翻译文本中的搭配特征研究[J]. 中国外语，8（5）：40-47，56.

许家金，徐秀玲，2016. 基于可比语料库的翻译英语衔接显化研究[J]. 外语与外语教学（6）：94-102，122，150.

杨飞，2015. "ESP" 理论视角下的大型国际赛事体育英语翻译现状分析[J]. 成都体育学院学报，41（3）：64-67.

于红，2016. 基于语料库的政府公文翻译 "简化" 趋势考察——以白皮书《2010年中国的国防》英译文为例[J]. 外语研究，33（3）：79-86.

张浩，2020. 我国体育新闻翻译研究现状综述[J]. 海外英语（12）：38-39，56.

张丽丽，2016. 英语体育新闻翻译的本土化策略[J]. 新闻战线（2）：73-74.

邹瑶，郑伟涛，杨梅，2018. 冬奥会冰雪项目英汉平行语料库研制与平台建设探究[J]. 外语电化教学（5）：19-22.

作者简介：

刘诗语　中国石油大学（北京）外国语学院硕士研究生。研究方向：英语笔译。通信地址：北京市昌平区府学路18号。邮编102249。电子邮件：nora_1113@163.com

于　红　中国石油大学（北京）外国语学院副教授。研究方向：翻译学。通信地址：北京市昌平区府学路18号。邮编102249。电子邮件：yuhong@cup.edu.cn

（责任编辑：侯俊霞）

法律文本翻译实践的课程设计*

陈吉荣　辽宁师范大学

提　要：20世纪70年代末以来，翻译实践在专门用途英语课堂中的作用得到研究者关注。从课程设计角度来看，相关领域的研究值得进一步探索。本文基于专门用途英语课堂中翻译实践的作用及其特点，以法律文本翻译为例，分不同层面探讨翻译实践课程设计的一些思路。结果表明：学期教学中采用结构化的动态教学，有利于将教学周的教学主题与循序渐进的教学方法有效结合。教学资源的选择需考虑资源与翻译技能的匹配关系，其中语言资源、情境资源、专门用途知识的比例要保持平衡。翻译实践的难度可在因材施教基础上参照阅读难度来设计，同时考虑学习者的背景、学习兴趣、语言水平等因素。翻译实践重点需聚焦不同体裁的法律文本，解读主要体裁类型的语篇结构与话语方式，以利于在翻译中体现这些文体特征。

关键词：法律文本；翻译实践；课程设计

1　引言

专门用途英语是指与特定学科、职业或活动领域相关的英语（Rahman, 2015）。专门用途英语教学是一种基于识别目标群体的特定语言特征、话语实践和交际技能，同时关注学习者专业知识需求的语言教育方法（Hyland, 2006; Hyland & Jiang, 2021）。其主要特点包括目标明确，满足特定情境中的语言需求；内容实用，着重特定领域的词汇、语法、语篇特征；专业性强，涵盖专业知识和专业规范，兼顾学术用途与职业用途等。概而言之，专门用途英语与其支撑的特定领域的语言实践紧密相连。作为语言实践中的一个重要环节，翻译实践因其突

* 本文系辽宁省教育科学“十四五”规划课题“基于‘读后续译’模式的翻译教学改革研究”（项目编号：JG21DB311）的阶段性研究成果。感谢审稿专家提出的宝贵意见。

出针对性强、专业化程度高的语言学习形式，对专门用途英语学习具有促学作用。研究者认可根据学习者的特定目的与特定需要而开设翻译课程的重要性，取得了一些研究成果（Kic-Drgas，2014；Mažeikienė，2018；Boukranaa & Sandy，2024）。进一步的研究关注如何在专门用途英语课堂中设计翻译实践教学，这对于提高教学质量很有益处。本文将从相关理论基础入手，以法律文本翻译为例，分不同层面探讨翻译实践课程设计的一些思路。

2 理论基础

专门用途英语课堂中的翻译实践是指"在ESP课堂实施翻译教学或翻译实践活动"（Boukranaa & Sandy，2024：76）。传统专门用途英语教学中的翻译实践研究较少，但从20世纪末至今，研究者对该领域中翻译教学的研究兴趣不断提升，形成"ESP教学中的'翻译转向'"（方梦之，2016；Mažeikienė，2018）。很多学者认为，翻译是专门用途英语教学的有效工具（Nilubol，2020；Kerr，2019；Cook，2013；Hall & Cook，2014）。Mažeikienė（2018）还对两个学术在线数据库（EBSCO、Web of Science）进行系统的文献检索，分析其中14篇高质量相关论文，结果表明，如果翻译量平衡得当、活动计划周密，翻译实践能够巩固专门用途英语学习者的各项语言技能，促进特定领域的交流和理解，培养分析技能，提升学习者的语言准确性。

2.1 专门用途英语课堂中翻译实践的作用

从语言能力来看，翻译实践对专门用途英语课堂教学的促进作用主要体现于阅读理解能力、词汇与术语能力以及社会语言能力的提升。（1）阅读理解能力提升。研究者发现，翻译有利于提高学习者对专门用途英语的阅读理解能力，促进学习者深入解读专业文本的风格与措辞，学会语言解码，将文本从一种语言准确转换到另一种语言（Popescu，2006）。还有研究者强调翻译有助于促进学习者形成一个有意识的学习过程（Rushwan，2017）。（2）词汇与术语能力提升。翻译有利于扩大学习者的词汇量（Galante，2021），可以帮助学习者获得特定领域内专门用途的新词汇。另一方面，特定术语翻译巩固了学习者对等效含义的理解以及特殊术语的正确使用（Mohamed *et al*，2021）。因此，在课堂上进行翻译实践，有利于学习者洞察如何规避不规范的语言表达形式，提高语言表达准确性。（3）社会语言能力提升。研究者认为，"在语言教学的高级阶段，从L1到L2和L2到L1的翻译被公认为第五种技能，是重要的社会技能，因为它能促进特殊目的或专门用途英语的交流与理解"（Ross，2000：62）。

从学习效果来看，首先，翻译作为一种实践方法在专门用途英语课堂上的应用可以提高学习者的分析能力，进而促进学习效果。特定目的的翻译任务鼓励学习者在学习过程中成为积极的参与者。在翻译过程中，分析并解决学习者在完成翻译任务时面临的复杂问题至关重要，相关讨论可增强学习者的语言实践，激励知识分享，巩固专业素养并培养学习者的批判性思维能力（Boshrabadi，2014）。与翻译相关的任务对于提高学习者的综合技能效果显著，原因在于翻译涉及源语言的理解与目标语言的表达，需要综合运用多种语言技能和知识，例如，词汇、语法、语篇、文体等。通过翻译，学习者可以更深入地理解专门用途源语言的结构和语义，提高语言表达能力与跨文化交际能力。同时，翻译还可以培养学习者的逻辑思维能力与解决问题能力。其次，在目标语言课程中使用源语言可以激励学习者的学习意志，从而提高学习效果。已有研究表明，课堂上使用母语可以缓解学习者的焦虑情绪（Swain & Lapkin，2000）。翻译还可以帮助教师在课堂上营造积极的学习氛围。

2.2 专门用途英语课堂中翻译实践的特点

与通用英语相比，专门用途英语课堂中的翻译实践有一些显著特点。主要体现在以下三个方面。（1）知识储备差异。通用英语文本翻译更依赖广泛的语言与文化知识的积累；专门用途英语课堂中的翻译则更强调对特定领域知识的掌握，相关文本的上下文往往与专业情境紧密相关，翻译时需更深入结合专业背景。（2）内容与风格差异。通用英语内容繁复，文本主题较为多样化，语言聚焦通用领域，体现日常生活的很多方面；专门用途英语聚焦特定领域，如法律、医学、商务等，语言专业性、目的性强，准确理解专业语言对翻译至关重要，翻译时需要紧密结合专业知识，还需遵循特定行业行文规范。（3）精准度要求差异。通用英语更多依据文本的整体语境、逻辑和常见的语言表达习惯，可以相对自由地发挥想象力和创造力。专门用途英语对翻译的精准度要求更高。例如，翻译法律文本，需要遵循法律术语的准确、严谨和规范性需求，虽然在句法层面有时可以按需调整，但对句子逻辑的严谨性要求仍然高于通用文本。

专门用途英语课堂中的翻译实践更聚焦，更突出专门领域的情境学习（Dagiliene，2012）。与此同时，翻译任务是双语性质的，可以有效调节学习者的注意力分配，在长时间的课程中双语思考与转换能够让学习者恢复活力。这些翻译实践的特点，有利于提高学习者的学习动机、激发学习兴趣（Alwazna，2023）。在特定的语言背景中，翻译作为一种植根于学习与实践的语言习得方法，有利于提升在特定专业领域中运用语言有效交流的能力，促进学习者深入体验语言的得体性、文化的适应性、对语境理解的准确性等。

从课程角度来看，翻译实践的课程设计既要考虑特定专业课程中的语言特征，并根据该课程独特的语言特征设计翻译实践，以提高学习者在专业领域使用语言的能力（Chirobocea，2018），也要考虑学习者自身的学习状态、学习特点，循序渐进，平衡课堂教学中的翻译任务。下文将结合法律文本翻译，探讨翻译实践的课程设计。

3 课程设计

研究表明，专门用途英语课堂的翻译实践可从大学阶段开始，以高年级为宜（Pouya，2012；Laviosa & Cleverton，2015），本文讨论的法律文本翻译实践课程学习者为本科高年级或研究生一年级的在校生，也包括已获得学位的相应水平在职人员。

3.1 学期教学过程与方法

从总体教学过程来看，学期教学过程与方法可设计为“结构化的动态教学”（Davies，2004）。例如，在为期十六周的教学中，教师将第一周到第二周设计为初级综合教学，主题分别为“翻译总论”与“法律语言特点”。第三周到第七周设计为“第一轮翻译实践周：英译汉”。根据法律文本的词汇、句法、语篇特点，循序渐进，选取法律英语领域的专著、文章、报告、合同、法规、条例等，引领学习者做英译汉翻译实践。第八周设计为阶段反思周，讨论第一阶段法律翻译示例的有效性、模仿的难度以及实践的方法。第九周到第十四周设计为“第二轮翻译实践周：汉译英”。教师引领学习者做与第一轮翻译实践程度相同的法律文本汉译英翻译实践。第十五周设计为高级综合教学，主题为“法律翻译的策略、原则及其对法律语言特征的深度再现”。第十六周设计为“课程总结”，讨论翻译实践对课程教学的启发与进一步学习的目标。教学过程中引领学习者以螺旋式的渐进方式展开对法律专业领域语言知识、专业知识、文体知识等的深度探索。

3.2 教学资源的选择

从教学资源来看，课堂内外资源的选用须有依据，突出重点且形式多样，这样才有利于提高学习者对语言的“元认知能力”（Gerding-Salas，2000）。翻译实践来源的选择需基于学习者的需求，需有助于培养学习者对所学内容的认识，并有利于区分源语言与目标语言的特征（Marinov，2016）。法律文本翻译教学资源可包括经典法律翻译学术著作、优秀法律著作译著、法律翻译实践典型译例以及电子资源中其他形式的优秀译文等。

翻译实践融入课堂时，还应考虑方法和材料的平衡。例如，语言资源的比例、情境资源的比例、专门用途知识的比例应该在翻译实践中保持平衡（Fehaima，2022）。教师作为导引者，需要预测教学资源、材料与方法之间的衔接问题，并通过梳理、裁剪资源使其达到合理的规划标准，以保持课程资源的公平划分。与通用英语文本的翻译教学不同，法律用语的准确性要求很高，需要教师在法律词汇、句法层面的翻译教学方面投入更多的精力。因此，除了教材的学习，在法律英语学习者学习能力与精力可及的范围内，教师可酌情补充一些必要的法律翻译实践内容，其来源可采用美国风险投资协会的法律文书范本、法律英语在线数据库资源、康奈尔大学法学院的LII（Legal Information Institute）资源、Lexisnexts数据库资源等。经过多角度、多侧面体验法律语言的特点，学习者可在示例学习和模仿环节有进一步的深度加工，有利于提高法律翻译的质量。

3.3 翻译实践的难度

关于如何衡量翻译实践的难度，国外学者侧重原则，国内学者侧重方法。国外研究者认为，专门用途英语课堂中的翻译，应将学习者置于教学中心，其难度应以促进学习者的自主性和自我教育为宜（Fehaima，2022）。还有研究者认为，难度设计可遵循因材施教原则，将翻译作为教学方式激励学习者学习、阅读并理解术语与文本（Boukranaa & Sandy，2024）。国内学者的相关研究更为侧重具体的难度设计方法，强调首先要考虑学习者的外语水平，其次要兼顾翻译教学的培养目标，还要注意翻译难度的梯级设计（王初明，2019）。在具体的教学环节，关于翻译实践的难度度量，教师可以参照阅读的难度量表对语言的难度做出评估，使其适合学习者的实际情况。例如，教师可以根据句法复杂性相关标准估算翻译文本的难度。具体依据为，句法层面的难度可以语言结构为单位加以确定，包括句子从属结构、句子的整体复杂度、短语的涵盖范围以及其他细微的句子表达（Norris & Ortega，2009）。例如，法律文本翻译教师可选择美国法学家圭多·卡拉布雷西（Guido Calabresi）的双语文本作为课程资源。卡拉布雷西的专著《理想、信念、态度与法律：从私法视角看待一个公法问题》（*Ideals, Beliefs, Attitudes, and the Law: Private Law Perspectives on a Public Law Problem*）采用案例与假设的分析风格，令读者耳目一新。该书由意大利都灵大学法学博士胡小倩翻译。书中很多句子难度很大，翻译时需要综合考虑句法逻辑，适合教师用作课堂教学。

此外，教师还需要考虑学习者的背景知识、学习兴趣、现有语言水平等综合因素。翻译的时间也是一个值得考虑的因素。如果翻译实践的时间相对较短，学习者思考的时间不充分，对所学的内容融会贯通不足，体验到的翻译难度会增强。因此，确定适宜的翻译时间也是教师在翻译难度设计时需要认真考虑的一个方面。

3.4 翻译实践的重点

在课程设计中，翻译实践的重点应聚焦不同体裁的法律文本，解读主要体裁类型的语篇结构与话语方式，以利于学习者熟悉相关语篇体裁要求，在翻译阶段体现这些文体特征。法律文本的体裁有不同的分类方式。宏观上可分为书面法律文本与口头法律文本（Alcaraz & Hughes，2014），即“以文字为特征的分类”（宋雷、张绍全，2010）。有研究者将书面法律文本分为两个大类，即“规定性的法律文本”以及“规定性的但也有描写性成分的法律文本”（李克兴、张新红，2005）。结合不同文本侧面的更多的分类方式也陆续出现。国外研究中常见的主要分类方式为立法文本、合同文本、司法文本（Ramos，2019）。本文的课程设计以最后三类文本为例。

3.4.1 立法文本

立法文本是指各类法律、法规、规章、条例、国际公约、国际条约及国际惯例等立法文件（陈建平，2007）。立法文本的结构一般分为总则、分则、附则三部分（Sarcevic，1997；张法连，2016）。总则一般包括标题、序言、简称、适用条款等内容。分则一般包括实质性条款与管理性条款，附则包括对总则与分则的补充性内容。立法文本的话语准确、严谨、规范，以平实且客观的语言表达法律规定，注重语篇的逻辑，多使用正式的表达方式和复杂的句法结构。对立法文本的翻译，要求译者“再现原文的法律概念、法律规范、法律传统、法律效力和法律效果等法律要素，以准确传达原文的法律内容和立法目的”（张法连，2016：110）。例如，对立法文本的引导语、规定条款、结束语这三部分汉译英时要兼顾英语立法文本的语言特点。中文立法文本常常以“为了……”“据……”等引导语形式出现，翻译时使用英文的被动语态与固定用法，有助于再现法律文本的规范（曲艳红，2014：92）。翻译规定条款时，需考虑立法文本庄重的修辞风格，多用正式性程度高的书面语。课程设计中还可突出对英语立法文本常用古英语表达方式的阅读，促进学习者积累语言知识，强化文体意识，提高翻译的准确性。例如，若将“The arbitral decision shall be taken as final，and shall be binding upon concerned parties”翻译为“仲裁决定应认为是最终的，并对相关方具有约束力”，这种文体不能体现法律文本正式、规范的特征，改译为“仲裁裁决应视为终局，对相关当事人均具有拘束力”，改译后的文体展现了法律语言的行业特性，是正式性程度更高的书面语。又如，由于传统、修辞、历史等原因，法律英语中仍使用hereby（特此）、herein（此处）、hereof（于此）、hereto（至此）、hereinafter（以下）、thereafter（其后）、whereby（由此）、whereas（鉴于）等古体词，这也是法律文体严肃性的一个标志（陈建平，2007：13）。

3.4.2 合同文本

合同文本是合同双方或多方当事人经过协商而达成的协议，主要包括合同、契约、协议和意向等（曲艳红，2014：99）。国际合同文本是国际商务中当事人确立商务关系、履行权利和义务以及解决纠纷的基本法律文件。以国际贸易合同为例，从结构上看，“国际贸易合同大致可分成三个部分：约首、本文和约尾，其中约首又可细分为前提和引述语”（李克兴、张新红，2005：229）。合同文本的特点主要包括：“篇章结构的程式化与表述结构的条目化，句式结构复杂，用词正式规范，内容具有完整性与针对性”（李克兴、张新红，2005：229）。对合同文本的翻译，需突出“准确性原则、精炼化原则、一致性原则、规范化原则”（张法连，2016：139）。这些原则贯穿合同文本翻译始终，特别是对合同细节的翻译，例如，合同责任条款、合同时间条款、合同金额条款的翻译等均需准确无误。此外，“英文经贸合同中有不少套语或惯用句型结构，主要出现在合同的部首、结尾、保险、支付以及检验、索赔、仲裁等一般性的条款中”（陈建平，2007：104），对这些相关材料的阅读可作为与翻译实践同步的课程设计，有利于学习者加深对合同文本文体特征的理解，并在翻译中学以致用。

3.4.3 司法文本

司法文本是指与司法活动相关的各类法律文件或司法制度涉及的文本。司法文本可分为司法公文、公证文书及仲裁文书（李克兴、张新红，2005：398）。此外，判决书、起诉书、调解书、传票、各类通知书等也属于司法文本。由于司法审判过程产生的语篇代表性最强，因此判决书是典型的司法文本（杜金榜，2015：239）。有些司法文书有固定的表格形式，有些不是表格，但是结构也较为稳定，主要由首部、正文（主体）、尾部及各部分之间用以过渡的习惯用语构成。司法文书翻译的总体要求为“保留原文的体裁、样式和结构，同时遵循一致性与准确性原则”（李克兴、张新红，2005：406）。涉外诉讼文书标题和称谓的翻译要特别注意（张法连，2016），为使标题翻译统一规范，有时可套用英语同类诉讼文书的标题；对于称谓的翻译，不同类型案件中当事人的称谓有区别，因此称谓的翻译一定要符合法律规定，必须准确。例如，文书标题的翻译，“民事判决书”译为“Civil Judgment”，“授权委托书”译为“Power of Attorney”，“宣誓书”译为“Affidavit”，这些翻译套用了英语中的标准用法。又如，称谓的翻译，“代理人”的翻译不建议采用“agent”，因为这种用法多出现在商务领域，而在法律文本中，代理人是指为授权人利益而从事某类行为或某一特定行为的人，翻译为“attorney”更准确（张法连，2016：178-179）。

除了上述主要的三种体裁，还可以适度补充其他体裁的法律文本作为翻译实践内容，例如，法律专著、法律评论文章、以及适量的法庭口译的录音转写文本等，帮助学习者熟悉法律文本不同体裁的文体要求，体会语篇特征，学习在翻译中更好地处理词汇、句法与语篇，使之符合目的语文体规范。翻译实践可从简单的任务逐步过渡到复杂的任务，也可根据学习者的实际情况来调整。

4 结语

本文从专门用途英语课堂中翻译实践的相关理论描述入手，基于法律文本翻译实践的课程设计，聚焦其中的不同侧面展开分析。研究表明，教学资源是教学设计的物质基础与行为依据，难度设计与翻译实践教学的层次紧密相关。解读法律文本的体裁特征对翻译实践也很重要，教学设计过程中应将不同类型法律文本翻译的相关任务作为一个重点。未来法律文本翻译实践的课程设计还需进一步关注更多因素，例如，阅读与翻译的交互因素、模仿的条件、翻译示例的局限、翻译资源的时效以及生成式人工智能翻译环境等。

参考文献：

ALCARAZ E, HUGHES B, 2014. Legal translation explained[M]. London: Routledge.

ALWAZNA R Y, 2023. The use of translation theory through reconciling between Englishisation and translanguaging by Arab instructors in EMI higher education classes: training postgraduate students to be translators and interpreters[J]. Frontiers in psychology, 1: 1-16.

BOSHRABADI A M, 2014. Pedagogical utility of translation in teaching reading comprehension to Iranian EFL learners[J]. International journal of language learning and applied linguistics world, 5(2): 211-232.

BOUKRANAA A, SANDY K, 2024. A translation turn in ESP classrooms: the use of the source language to teach the target language[J]. International journal of linguistics, literature and translation, 7(4): 76-84.

CALABRESI G, 1985. Ideals, beliefs, attitudes, and the law: private law perspectives on a public law problem[M]. New York: Syracuse University Press.

CHIROBOCEA O, 2018. A case for the use of translation in ESP classes[J]. Journal of languages for specific purposes, 5: 67-76.

COOK V, 2013. Second language learning and language teaching[M]. New York: Routledge.

DAGILIENE I, 2012. Translation as a learning method in English language teaching[J]. Studies about languages, 21: 124-129.

DAVIES M G, 2004. Multiple voices in the translation classroom: activities, task and projects[M]. Amsterdam: John Benjamins Publishing Company.

FEHAIMA A, 2022.Translation-based task in an ESP classroom[J]. Contemporary educational researches journal, 12(4): 246-255.

GALANTE A, 2021. Translation as a pedagogical tool in multilingual classes: engaging the learner's plurilingual repertoire[J]. Translation and translanguaging in multilingual contexts, 7(1): 106-123.

GERDING-SALAS C, 2000. Teaching translation: problems and solutions[J]. Translation journal, 4(3): 1-11.

HALL G, COOK G, 2014. Own-language use in ELT: exploring global practices and attitudes[J]. Language issues: the ESOL journal, 25(1): 35-43.

HYLAND K, 2006. English for academic purposes: an advanced resource book[M]. London: Routledge.

HYLAND K, JIANG F K, 2021. Delivering relevance: the emergence of ESP as a discipline[J]. English for specific purposes, 64: 13-25.

KERR P, 2019. The use of L1 in English language teaching [EB/OL]. (2023-09-09) [2023-09-09]. https://languageresearch.cambridge.org/images/CambridgePapersInELT_UseOfL1_2019_ONLINE.pdf.

KIC-DRGAS J, 2014. Translation in the ESP teaching[J]. Journal of teaching English for specific and academic purposes, 2(2): 253-261.

LAVIOSA S, CLEVERTON V, 2015. Learning by translating: a contrastive methodology for ESP learning and translation[J]. Scripta manent, 2(1): 3-12.

MARINOV S, 2016. Translation exercise aided by data-driven learning in ESP context[J]. ESP today, 4 (2): 225-250.

MAŽEIKIENĖ V, 2018.Translation as a method in teaching ESP: an inductive thematic analysis of literature[J]. Journal of teaching English for specific and academic purposes, 6(3): 513-523.

MOHAMED N Z N, AZIZ A A A B, KAMLUN K, OTHMAN I W, 2021. Translation pedagogy versus pedagogical translation in language learning[J]. Learning international journal of education, psychology and counseling, 6(43): 83-96.

NILUBOL K, 2020. The impacts of L1 integration towards general English classroom of Thai public university undergraduate students[J]. Language education and acquisition research network journal, 13(2): 426-444.

NORRIS J M, ORTEGA L, 2009. Towards an organic approach to investigating CAF in instructed SLA: the case of complexity[J]. Applied linguistics, 30(4): 555-578.

POPESCU T, 2006. Teaching translation to ESP students[J]. Translation studies: retrospective and prospective views, 1: 152-159.

POUYA F, 2012. On the effect of translation on promoting reading comprehension in ESP[J]. Journal of basic and applied scientific research, 2(7): 6495-6502.

RAHMAN M, 2015. English for specific purposes: a holistic review[J]. Universal journal of educational research, 3(1): 24-31.

RAMOS F P, 2019. Implications of text categorization for corpus-based legal translation research[C]//BIEL Ł, ENGBERG J, RUANO M R M, SOSPNI V. Research methods in legal translation and interpreting. New York: Routledge: 29-47.

ROSS N J, 2000. Interference and intervention[J]. Modern English teacher, 9 (3): 61-66.

RUSHWAN I M H, 2017. The role of translation in developing ESP learners' reading comprehension skills[J]. International journal of applied linguistics and English literature, 6(3): 243-244.

SARCEVIC S, 1997. New approach to legal translation[M]. The Hague: Kluwer Law International.

SWAIN M, LAPKIN S, 2000. Task-based second language learning: the uses of the first language[J]. Language teaching research, 4(3): 251-274.

陈建平，2007. 法律文体翻译探索[M]. 杭州：浙江大学出版社.

杜金榜，2015. 法律语篇信息研究[M]. 北京：人民出版社.

方梦之，2016. ESP翻译研究近40年（1978—2016）[J]. 上海理工大学学报（2）：101-105.

卡拉布雷西，2012. 理想、信念、态度与法律：从私法视角看待一个公法问题[M]. 胡小倩（译）. 北京：北京大学出版社.

李克兴，张新红，2005. 法律文本与法律翻译[M]. 北京：中国对外翻译出版公司.

曲艳红，2014. 法律翻译理论及策略[M]. 北京：清华大学出版社.

宋雷，张绍全，2010. 英汉对比法律语言学：法律英语翻译进阶[M]. 北京：北京大学出版社.

王初明，2019. 运用续作应当注意什么[J]. 外语与外语教学（3）：1-7.

张法连，2016. 法律英语翻译教程[M]. 北京：北京大学出版社.

作者简介：

陈吉荣　辽宁师范大学外国语学院教授、博士。研究方向：英语语言文学、翻译教学。通信地址：辽宁省大连市沙河口区黄河路850号，邮编：116029。电子邮箱：chenlinda@126.com

（责任编辑：孟晖）

基于真实语料的ESP课程测试改革
——以“飞行员陆空通话”课程为例*

鲍倩瑜　中国民航大学

郭　燕　中国民航大学

提　要：测试是ESP教学中的一个重要环节，它能够给教师提供教学质量和教学有效性的相关反馈。真实性是ESP测试的一个重要指标，学习者在ESP测试中所取得的成绩应当反映出他们在专业语言领域的真实水平，这就对测试语言的真实性和语言测试任务的真实性提出了要求。真实的语料能够让学习者直接接触到语言的真实使用情境，是保证ESP测试真实性的重要材料。本文以“飞行员陆空通话”课程为例，通过设计基于真实语料的ESP测试，探究了以真实语料构建ESP测试语料库的方法以及使用真实语料开发ESP测试任务的路径，为提升ESP测试的真实性提供有益的参考。

关键词：专门用途英语测试；真实语料；真实性

1　引言

专门用途英语（English for specific purposes，简称ESP）指教授或学习英语作为一门第二语言或外语，使学习者能够将英语应用于特定的专业领域（Paltridge & Starfield，2018）。自20世纪60年代初起，ESP逐步成为外语教学中的一个突出领域。与ESP相关的出版物、会议和期刊数量的增加见证了这一研究领域的强劲发展势头，如民航英语、商务英语、法律英语等。ESP的崛起带来了ESP测试的研究需求。测试是课程的关键要素，它是信息收集的一种方式，用以观察并解读学习者的表现和进步（Dudley-Evans & St John，1998）。ESP测试的

* 本文系2022年天津市教委高校哲学社会科学“揭榜挂帅”科研计划专项任务项目（外语教育）“基于真实语料的专门用途英语测试改革”（项目编号：2022ZXWY-QN12）的阶段性研究成果。

主要目的是反映被测试者在类似于真实语言使用情境中的语言行为，以此判断被测试者的这一专门用途语言能力，并预测其在未来目的语情境中的语言行为。测试的效度在很大程度上取决于测试的真实性。如何提高测试的真实性是ESP测试设计与开发的一大难点。

2 文献综述

国外对ESP测试的研究经过了从界定ESP测试的概念，讨论ESP测试区别于通用英语测试存在的必要性，到探索ESP测试的设计原理这几个发展阶段。作为ESP测试研究领域的带头人，Douglas（2000：12）指出“ESP测试是语言测试的一个可定义的分领域，其重点是衡量受试者在结合具体领域背景知识的同时，准确使用语言在真实语境中完成相关任务的能力”。在ESP测试中，受试者的英语语言能力分别和专业知识、测试任务相互作用。通过这种测试，受试者在特定专业领域使用英语的能力得到了测评。

Seliger（1985）和Stevenson（1985）等国际语言测试领域的著名学者一致认为，真正好的测试不能单一由效度来保证，语言测试的真实性则是更为重要的一环。真实性也是ESP测试最突出的特征之一（Douglas，2000；Hutchinson，1987；Tratnik，2015）。Hutchinson & Waters（1987）将“学业测试”重新命名为“真实测试”，以强调ESP测试中真实语料以及基于真实目标情境的测试任务的重要性。测试文本或者测试任务越真实，那么被测试者更有可能以同样的方式在真实的目标情境中以同样的方式执行测试任务。真实语料能够在发生的真实行动或任务中提供真实语境（Anderson，2009）。真实测试能让学生看到ESP课堂与目标情境之间的关联，认识到所获取技能的价值所在。Zaki（2022）指出ESP测试应当基于交流行为中对语言能力的直接评估，被测试者需要在真实情境和活动中融合专业领域知识，从而看到测试中所使用的语言和现实中所使用的语言之间的联系。对于ESP测试的真实性评估，也有学者认为应当从多个维度去评估，比如输入语料的真实性，任务的真实性以及评估方式的真实性。

国内ESP测试研究近年来呈现出缓慢但明确的增长势头，研究主要为综述性研究或评价性研究，主要关注点在于理论或设计原理的探讨。唐雄英（2004）认同ESP测试应独立存在，且真实性是ESP测试效度的必要保证。黄大勇（2007）认为ESP测试存在的重要依据是社会和ESP教学对它的需求，ESP测试的两个重要特征分别是专业针对性和真实性。多位学者介绍了国内外专业英语考试并探究了ESP测试的方向发展（田剪秋，2008；蔡基刚，2012；曹佳、王爱国，2012；方秀才，2021），提出了ESP测试设计的模型（周淑莉等，2020）并指出ESP测试应建立在行业需求分析的基础上（吴雪峰，2018）。

相较国外已有的研究成果与实践情况，国内关于ESP测试缺少系统的、实证性的研究。随着ESP教学的不断深入，各个行业对ESP语言能力测评需求的增长，ESP测试在实践上进行尝试的意义重大。现实需求就是ESP测试存在的依据和生命力来源（黄大勇，2007）。为满足ESP测试的真实性要求，选用符合课程教学目标和难度的真实语料并设计出能反映目标语言使用情境的测试任务，成了ESP测试开发的两个侧重点。

“飞行员陆空通话”课程依据国际民航组织和中国民航陆空通话标准及规范，旨在培养飞行员以英语为工作语言，在国内和国际航线运行中与管制员进行无线电通话的能力。陆空通话属于半人造语言，服务于飞行和空中交通管制的工作程序。由于民航安全性的特殊要求，陆空通话具备准确、简明、无歧义的特性，是一门非常特殊的行业语言。它在字母和数字的发音方面有着独特的规则，句子结构上大量使用祈使句和省略句，简明且不产生歧义。飞行员需要掌握在不同飞行阶段，如推出开车、滑行、进跑道、起飞、离场爬升、航路飞行、下降高度、进近、着陆（复飞）等，运用陆空通话与管制员进行交流的能力。

在以往的“飞行员陆空通话”课程的教学与测试中，一般使用经过简化或加工的文本语料和由教学人员或教材编写人员通过脚本录音形成的听说材料，以避免真实陆空通话中飞行员或管制人员的口音、语速、无线电背景杂音干扰，以及非标准、不规范的通话用语对初学者在学习中产生的负面影响。这样的语料虽然更加简洁、规范、便于初学者掌握无线电陆空通话的程序和用语，但是与真实的陆空通话使用场景产生了一定偏离，学习者往往在课程学习结束后，无法快速适应并融入真实的无线电陆空通话的工作场景之中。因此，在学习者具有一定陆空通话的基础后，使用真实陆空通话语料进行教学与测试，以实现ESP课程与职场的衔接，显得十分迫切。

本文通过设计基于真实语料的ESP测试，以期探讨以下问题：（1）如何选用真实语料构建ESP测试语料库？（2）如何有效运用真实语料进行测试任务的开发？

3 基于真实语料的ESP测试设计

ESP测试的真实性需求和真实性特征要求测试开发者要尽可能选用真实的语言材料，设置能反映真实语言使用场景的测试情境，使测试成绩能够较为准确地反映被测试者在目标情境中结合专业知识运用英语的能力。真实语料指的是母语者所使用的，不用于教学目的的语言，它让学习者接触到更加复杂的现实语言的使用情境，比课本语言更有挑战性（Treve，2023）。多个研究表明，真实语料的使用在外语教学中可以起到积极的作用，如提高学习者的学习动力和学习自主性，培养学习者全面的语言能力和语言交际能力等（Miller，2003；严灿勋、刘慧敏、王德军，2010；Alzarga，2021；刘锐、王珊，2021）。但真实语料在语言测试中如何应用，如何选用真实语料来构建具有真实性的测试任务，是测试开发者必须面对的两个问题。本文以华北某高校飞行技术专业的ESP课程“飞行员陆空通话”的测试为例，进行基于真实语料的ESP测试设计。

3.1 ESP测试中真实语料库的搭建

语言测试应具有情境真实性和交际真实性，即测试材料既应该与非测试语言一致，也应该注重语言使用者、语境和语篇的互动关系。从某种意义上说，情境真实性比交际真实性更加容易实现，因为从真实生活中选择合适的素材用于测试较易实现，而在考试中进行真实的语言交互十分不易（周胜，2006）。为还原真实的语言使用情境，首先应保证材料来自实际的交际活动，即真实的陆空通话的语料。当前，真实的陆空通话音频可以在www.liveatc.net网站获取，该网站覆盖了全球1,200多个机场不同管制单位的无线电通话频率与流媒体音频源，是世界上最大的专注于航空的流媒体网络。此外，Bilibili等视频网站上也不乏很多航空爱好者自发录制并上传的实况陆空通话录音。通过以上两种途径可以获取大量真实发生的陆空通话音频与视频。

为尽可能覆盖主要国际航线，笔者在LiveATC网站和Bilibili视频网站选取了分布于亚洲、欧洲、大洋洲、北美洲、南美洲和非洲的大型国际机场频率，通过下载或录制的方式获取了时长为12.7小时的陆空通话音频，涵盖了通播、放行、地面、塔台、离场、区域、进近等不同的管制单位。在剔除频率上无人发话的空白时间后，得到了10.3小时的陆空通话录音。

根据国际民航组织9,432文件中的规定，无线电通话语速应不超过100词/分钟。尽管在比较繁忙的终端区，管制员的语速往往会超过规定语速，甚至达到200词/分钟，但为了与学生现阶段的通话能力相适应，笔者仅选用语速不超过100词/分钟的通话语料录入测试语料库。此外，由于无线电接收机设备的质量影响以及存在无线电波信号干扰的情况，部分陆空通话内容存在音源质量不高、频率杂音过大等干扰听力理解的问题。经过人工筛选，剔除了语速过快，频率杂音过大，以及音源质量差的音频，形成了7.6小时的陆空通话录音。

来自实际交流中的陆空通话在语音、语法、语用、文化等层面上会出现超出学生当前水平和认知的内容，如使用习语、新词新语等。尽管陆空通话是一种有固定模式和专业术语、力求准确的交流语言，但是仍不可避免地会在交流中产生一些“非常规”的沟通场景。如墨西哥城国际机场塔台管制员在进行管制移交时说到“Eagle flight 882, contact departure, hasta la vista.” Eagle flight 882是美国鹰航的呼号，contact departure即让飞行员联系下一个管制单位—离场管制，hasta la vista 则是西班牙语，意为再见。西班牙语是墨西哥的官方语言，而美国鹰航又是主要在美国南部运行的航司，常飞墨西哥，所以在陆空通话中出现简单的西班牙语实属正常。然而，在常规的英语陆空通话中，西班牙语对于学生来说是非常规内容，因此，这样的指令就不适用于测试语料当中。此外，一些涉及俚语及文化负载词的通话内容，因与测试目的和难度要求不符，也被排除在测试语料库之外。经筛选后，最终形成了5.8小时的陆空通话测试语料库。

3.2 语料库的采用原则

本研究对于真实语料的采用，结合了以下两种方式。

第一，从测试语料库中，选择难度与学生的水平和能力相对一致的陆空通话材料，对语料不做任何修改，原封不动地使用，使题目生动、有趣、更有意义。如，芝加哥奥黑尔机场进近管制给出指令“United 928 heavy, fly heading 270, descend and maintain 4000”这是一个典型的进近阶段指令，包含飞机呼号—United 928，重机型报告—heavy，航向指令—fly heading 270以及高度指令—descend and maintain 4000。这与学生在通话课上所学的内容从用语到难度基本一致，语速适中，发音清晰，且频率的背景杂音对于听力理解无甚干扰。这种未经修改的测试语料直接源于工作中的语言实践，最大限度地保证了语料的真实性。在测试中，教师播放一遍语料库中的管制员指令，考生进行复诵，即对飞行学员未来进行陆空通话的真实场景进行了还原，教师对学生的表现进行评价和打分。

第二，对部分难度高于考生的水平和能力的真实语料做适当修改，以符合被试的英语水平和命题要求。测试的真实性既是主观的，也是相对的，这就要求我们在选择测试语料时有一个务实的态度。Lewkowicz（2000）指出，选择测试语料不能以是否简化为标准，而是要以对受试者的适切性为标准。下面以纽约肯尼迪机场的通播为例，解析如何修改真实语料以满足测试需求。肯尼迪机场的完整通播如下：

Kennedy Airport ATIS Information J, 2351Z, wind 340 at 6, visibility 10, ceiling 11,000 broken, 25,000 broken, temperature 7, dew point -1, altimeter 29.92, approach in use ILS runway 4R, ILS runway 4L, departing runway 4L, intersection departure runway 31L. Bird activity vicinity airport. Numerous cranes operating at Kennedy airport. Readback runway assignments and hold short instructions. Advise on initial contact, you have information J.

这条通播涉及的内容包含机场名称、通播代号、录制时间、风向风速、能见度、云底高、云量、温度、露点温度、高度表拨正值、进近使用跑道、进近方式及离场跑道等信息。各大机场的通播均会涉及上述内容，虽然具体数值和单位可能有所不同，但基本内容、排列顺序以及用词的差异不大。

通播中关于鸟类活动的通报—bird activity vicinity airport，即机场附近有鸟类活动，这一情况对于各机场来说并不罕见，用词虽简略，但属于陆空通话中的专业表述，也是学生熟练掌握的内容。但是，要求飞行人员注意“Numerous cranes operating at Kennedy airport”（肯尼迪机场有多个起重机工作）这一情况并不普遍，且crane一词对学生来说较为陌生，也不是常出现在通播语境中的词，在听力过程中，容易造成学生的理解困难，在测试时可能因为这一陌生词汇导致整个句子都难以听懂并理解。

在进行考题设计时，对于这类有小部分难度超出测试要求的语料内容，可以有以下两种处理方法。第一，在语句与前后文没有逻辑联系，删改不会影响考生对通播其他内容的理解的情境下，可将该句剪辑掉，保留其他部分。该方法虽然在一定程度上会损失语料的真实性，但能确保通播内容符合测试难度要求。第二种方法就是在测试中先给出crane一词的释义，让考生在听音频前能够解决生词障碍。这样既保留了真实语料的完整性，也将这句话的理解难度降到了测试的正常难度水平。不论是删改语句还是补充词义，在真实语料的基础上进行的微调能够让学生最大限度地展示语言能力。

3.3 基于真实语料的ESP测试任务设计

为了反映考生在类似真实语言使用场景中的语言行为，ESP测试适合采用任务型语言测试的形式，通过对学习者语言行为进行测试，考查他们是否能够使用目标语言完成任务，对其任务的交际能力表现做出评价（叶燕妮，2009）。为了确保测试的真实性，测试任务要尽量与现实交际任务一致（黄大勇，2007）。一般来说，陆空通话主要的交际模式为管制员给出指令，然后飞行员进行复诵（readback），如复诵内容正确，则该轮对话结束（如图1所示）。如管制员复听（hearback）时发现飞行员复诵不正确，则需要向飞行员指出错误，直至飞行员复诵正确，形成对话闭环。飞行员和管制员的责任在很多领域故意重合以提供安全裕度。飞行员—管制员的通话闭环组成了确认和更正的过程，以确保通话内容的一致性，避免交流出现错误进而影响飞行安全。

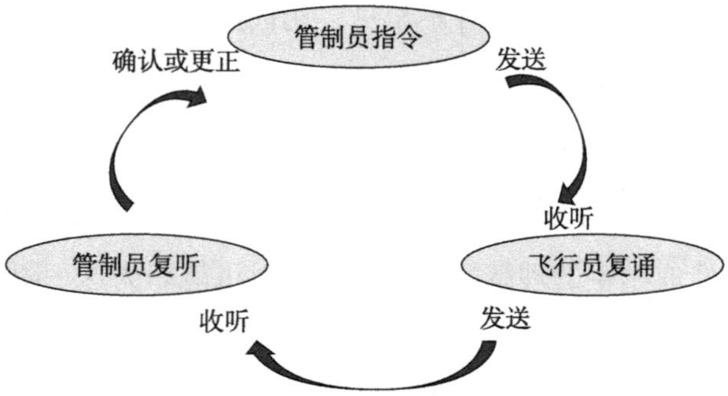

图1　飞行员–管制员陆空通话闭环

对于飞行员陆空通话课程的ESP测试来说，最重要的是确认在测试任务中飞行学员能够展现出听懂管制员指令并正确复诵的能力，在各个飞行阶段均能够完成通话任务。基于此，ESP测试以飞行阶段为进程，以每阶段的无线电陆空通话任务为考核要点，制定以下考核方案（见表1）。

表1　飞行学员陆空通话测试任务设计

飞行阶段	测试任务
通播	收听通播并复诵内容，可重复听2—3遍。
放行许可	联系放行管制，在获取放行许可后进行复诵。
推出开车	联系地面管制，报告飞机所在位置，申请推出开车指令并复诵。
滑行	联系地面管制，申请滑行路线并复诵滑行指令。
进跑道	联系塔台管制，报告飞机所在位置，申请进跑道指令并复诵。
起飞	联系塔台管制，申请起飞许可、复诵起飞许可，进行管制移交。
初始爬升	联系离场管制，复诵爬升指令、离场程序并协商爬升高度。
巡航	联系区域管制，复诵更改航向、空速、绕飞天气等相关指令。
下降高度	联系区域管制和进场管制，复诵下降高度指令和相关航路点。
进近	联系进近管制，确定进近类型、跑道号并复诵进近指令。
着陆	联系塔台管制，获取着陆许可并复诵，脱离跑道后报告。
滑行	联系地面管制，复诵滑行指令，确定停机位号。

在测试过程中，学生需要根据飞行阶段和任务提示，主动联系管制员并对管制员的指令进行复诵。所有管制员给出的指令均源自陆空通话测试语料库，为真

实陆空通话录音，测试过程中由教师播放相关通话录音文件。

以滑行阶段为例，学生会得到任务考核信息，如管制呼号—Heathrow ground, 任务要求—申请滑行指令。学生应依据任务考核信息发起对话："Heathrow ground, (aircraft callsign), request taxi/ready to taxi." 接下来，教师播放管制员指令"(Aircraft callsign), taxi via B7, B, W, hold short H." 学生应复诵：" Taxi via B7, B, W, hold short H, (aircraft callsign)" 这样，学生就在测试中完成了申请滑行，得到滑行指令并完成复诵的陆空通话任务。在测试中，学生可能得到standby（稍等）的回复，后续管制员会在满足某特定条件时再给出滑行指令。学生在测试时可能会得到直接滑行至跑道外等待的指令，也可能得到阶段性的滑行指令，所有陆空通话中可能出现的不同类型的滑行场景和相应的管制员指令均可从语料库中调出并作为考题以全面考查学生对滑行阶段陆空通话的掌握程度。

在ESP测试中，测试任务不可避免会遇到测试的真实性与可行性相矛盾的问题，因此，有时在实际测试中需要采用"折衷"的方法。如，由于语料库中的指令来自不同机场的不同管制，指向不同的飞机，因此飞机的呼号不尽相同。而在真实的飞行中，飞行员所执飞航班的飞机呼号是已知的、固定的。因此，在测试前，教师可以给出一个明确的飞机呼号，仅以此呼号进行应答，如南航7231（CSN7231），学生在测试时忽略语料中出现的其他呼号。此外，在真实通话场景中，飞行员有时因为分心或者口音问题无法一遍听懂管制员给出的指令，或者听完指令后对部分内容不太确定，需要与管制员再次核实。由于语料库中的通话是录音，无法对这种临时情况做出回应，此时，教师可再次播放录音文件，或者由教师临时扮演管制员的角色对指令内容进行重复，以辅助陆空通话测试的进行。

4 结语

随着各类ESP教学的开展以及用人单位对ESP语言能力评定的需求的不断增长，ESP测试的真实性在实践上的意义十分重大。长期以来，ESP测试因为真实性不足，无法直观反映学生在目标语情境中运用语言的能力。本文以华北地区某高校飞行技术专业"飞行员陆空通话"的课程测试为例，探索了如何选用真实语料构建ESP测试语料库，构建具有真实语境和交际情境的测试任务，并从真实语料的角度探索了提升ESP测试真实性的路径，为ESP测试的开发和设计提供了参考。

参考文献：

ALZARGA S, 2021. Using authentic materials in foreign language classes: EFL English teachers' perspective[J]. Journal of research in humanities and social science, 9(11): 87-94.

ANDERSON N J, 1999. Exploring second language reading: issues and strategies[M]. Beijing: Foreign Language Teaching and Research Press.

DOUGLAS D, 2000. Assessing languages for specific purposes[M]. Cambridge: Cambridge University Press.

DUDLEY-EVANS T, ST JOHN M J, 1998. Developments in ESP: a multi-disciplinary approach[M]. Cambridge: Cambridge University Press.

HUTCHINSON T, WATERS A, 1987. English for specific purposes[M]. Cambridge: Cambridge University Press.

LEWKOWICZ J A, 2000. Authenticity in language testing: some outstanding questions[J]. Language testing, 17 (1): 43-64.

MILLER L, 2003. Developing listening skills with authentic materials[J]. ELS magazine, 6(2):16-18.

PALTRIDGE B, STARFIELD S, 2018. The handbook of English for specific purposes[M]. London: Wiley.

SELIGER H W, 1985. Testing authentic language: the problem of meaning[J]. Language testing, 2(1): 1-15.

STEVENSON D K, 1985. Authenticity, validity and a tea party[J]. Language testing, 2(1): 41-47.

TRATNIK A, 2015. Key issues in testing English for specific purposes[J]. Scripta manent, 4(1): 3-13.

TREVE M, 2023. Examining the impact of using authentic materials on ESL/EFL learners[J]. International journal of empirical research methods, 1(1): 40-50.

ZAKI Z, 2022. Assessment in English for specific purposes through integrated skill[J]. Integrated journal for research in arts and humanities, 2(5):129-133.

曹佳，王爱国，2012. 民航英语测试理据与设计研究[J]. 长春师范学院学报，31（2）：62-64.

蔡基刚，2012. 通用英语测试和专门用途英语测试——关于CET发展趋势及重新定位再研究[J]. 外语电化教学（4）：27-32.

方秀才，2021. 新文科背景下ESP能力测试框架研究[J]. 西安外国语大学学报，29（2）：58-61.

黄大勇，2007. ESP测试的特征、存在依据和设计原理[J]. 考试研究（3）：66-75.

刘锐，王珊，2021. 运用真实语料开发国际汉语教材：理论与实践[J]. 语言教学与研究（1）：1-11.

唐雄英，2004. ESP能力测试问题再探索[J]. 外语与外语教学（6）：61-64.

田剪秋，2008. 英语考试的新方向——专门用途英语考试[J]. 中国考试（研究版）（9）：18-23.

吴雪峰，2018. 英语概要写作评分量表研制的实证研究[J]. 中国外语教育（2）：57-66，86.

严灿勋，刘慧敏，王德军，2010. 军校视听说课堂上加强军事英语真实语料教学的探索[J]. 解放军外国语学院学报，33（3）：69-71，81.

周胜，2006. 语言测试各环节真实性概述[J]. 语言教学与研究（6）：42-48.

周淑莉，翟琳琳，肖何，2020. 基于语言能力发展的ESP课程测试研究[J]. 江苏外语教学研究（1）：20-22.

作者简介：

鲍倩瑜 中国民航大学飞行分校讲师。研究方向：专门用途英语、陆空通话、语言测试。通信地址：天津市宁河区现代产业区永定新河北路1号。邮编：300300。电子邮箱：qybao@cauc.edu.cn

郭 燕 中国民航大学飞行分校讲师。 研究方向：航空英语、航空英语教学。通信地址：天津市宁河区现代产业区永定新河北路1号。邮编300300。电子邮箱：y_guo@cauc.edu.cn

（责任编辑：黄萍萍）

近三十年ESP能力量表研究探索与展望*

秦中华 大连外国语大学

朱冰淼 大连外国语大学

提 要：ESP测评是ESP教学的关键环节，而ESP能力量表作为ESP测评的重要工具，其相关研究在ESP测评整体研究中占比极少。本文旨在通过分析近三十年国内外ESP能力量表的研究趋势和特征，探究ESP能力量表研究的发展潜力。研究发现，国内学者主要关注商务英语能力量表及量表框架理论构建，国外学者则更聚焦于ESP能力量表的效度和应用性。通过反思现阶段ESP能力量表研究领域的难点，本文提出相应解决思路，并对今后我国ESP能力量表研究做出展望。

关键词：商务英语；专门用途英语；ESP能力量表

1 引言

学界对于专门用途英语（ESP）的研究缘起于20世纪60年代。Hutchinson & Waters（1987：19）认为，“专门用途英语不是一种特殊的语言，也不包括特殊的教学材料，它只是一种语言教学方式。在这种教学方式下，所有的教学内容和方法都是由学习者的学习目的决定的。”早期ESP研究主要聚焦教学与实践层面。随着教学的开展，为了更直观地了解学习者对ESP的掌握程度和应用水平，学者们开始关注如何对ESP能力进行测试。与普通英语能力测试不同，ESP能力测试旨在测量学习者对特定学科领域或职业英语的掌握情况，即除语言能力外，学科领域知识的作用不容忽视。这揭示了ESP能力测试的学科专业性，也体现出ESP能力量表研制过程的复杂与不易。截至目前，有关研究成果主要聚焦于常见大型ESP测试的设计原理（徐溢芳，2011；Dimova，2017）、反拨效应（DeLuca

* 本文系2019年度辽宁省社科规划基金一般项目“高校学术英语学习导向测评模式构建研究”（项目编号：L19BYY024）的阶段性研究成果。感谢审稿专家提出的宝贵意见。

et al，2013；曲欣、张鹏飞，2019）、测试效果（于洋，2009；Westbrook，2023）等领域，对ESP能力量表尚缺乏足够关注与探索。为发展ESP测评的科学设计与效度验证，加强高质量复合型人才培养与ESP教学效果检验，本研究拟对国内外ESP能力量表的研究现状、研究难点、解决思路以及未来展望开展述评，以期为我国ESP测试的发展提供借鉴参考。

2 ESP能力量表研究的发展趋势

学界从1994年起才开始ESP测试的相关研究。笔者分别选取国内外学术界最具代表性的CNKI数据库和Web of Science核心期刊数据库为检索来源，时间范围选取1994—2023年，主题词检索条目包括：专门用途英语测试、专门用途英语测评、专门用途英语能力量表、ESP量表、专业英语测试、专业英语测评、专业英语量表、学术英语测试、学术英语测评、学术英语量表、职业英语测试、职业英语测评、职业英语量表、ESP test、ESP assessment、ESP scales、ESP criteria、specialized English scales、specialized English criteria、subject-based English scales、subject-based English criteria、EAP test、EAP assessment、EAP scales、EAP criteria、EOP test、EOP assessment、EOP scales、EOP criteria等，辅助主题检索并人工筛选非外语学科文献，未收录于这两个数据库的文献、书评及专著作品不计入搜集结果，共获取ESP测试相关中文文献250篇，英文文献262篇，总计512篇。其中与量表研究相关的中文文献21篇（其中实证研究8篇，综述研究3篇，框架构建10篇），英文文献19篇（其中实证研究16篇，综述研究1篇，框架构建2篇），共计40篇，占ESP测试领域文献数量的7.8%。整体发文量趋势及量表研究所占比例情况如图1所示。

图1显示，2005年之前ESP测试并未受到太多关注，自2006年开始，国内外学者正式将目光转向ESP测试领域，发文量逐年上升，此后发文量虽有一定程度浮动，总体呈上升趋势，直到2020年又开始下降。有关ESP能力量表的研究则起步相对较晚，尽管最早在1999年便有国外学者发表了一篇相关文献，但直至2012年后才持续获得学术界关注，且整体发文量占比不高，该领域有待进一步探索。

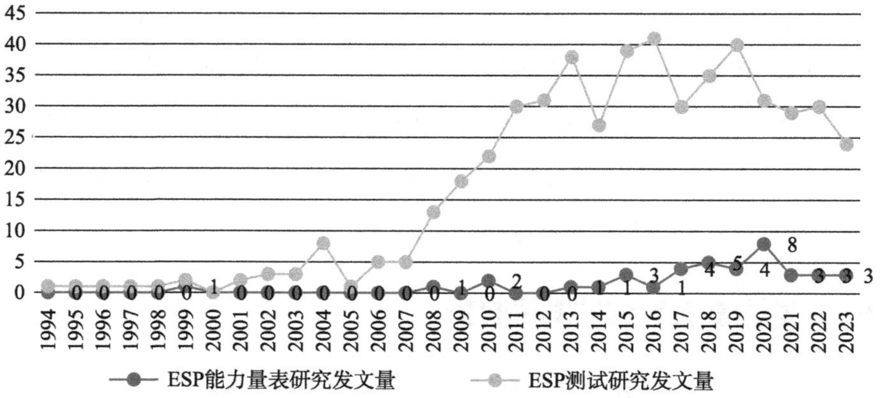

图1　近三十年国内外ESP测试及ESP能力量表发文量统计

3　ESP能力量表研究述评

3.1　国内ESP能力量表研究

3.1.1　商务英语能力量表研究

商务英语测试是国内ESP测试研究的重点方向。我国自1993年起举办剑桥商务英语证书考试（Business English Certificate，简称BEC）。1994年，张慧芬、陈坚林在《外语界》上介绍BEC考试题型，并给出考前建议，是国内最早关注ESP测试的文章。2007年，教育部正式批准开设商务英语本科专业，各高校开始逐渐重视商务英语教学，学界也开始对商务英语测试展开研究。2010年起，学界进一步重视ESP研究，创立《中国ESP研究》，举办全国ESP研讨会等活动，并逐步推动商务英语量表研究。

国内商务英语量表研究涵盖面较广。最早，方明（2010）基于英语写作理论、体裁理论、需求分析理论和量表理论设计了商务英语写作能力量表，系统地分为入门、合格、优良三个级别，但未对其信度和效度进行检验。实际上，早期投入到量表设计的研究者很少。而在《高等学校商务英语专业本科教学质量国家标准》实行后，商务英语能力量表才逐渐受到关注。例如，王立非等（2015）分析全国商务英语专业四级考试的信度和效度，介绍其评分量表在听、说、读、写、译方面能力的要求；王淙、杨妍（2016）在对国内外英语能力等级量表研究综述的基础上，尝试以交际语言能力理论为指导，从描述框架、参数设置和描述语库几个层面阐述了商务英语口语能力等级量表开发思路。还有研究发现，国外商务英语能力量表普遍具有更强的目的性和实践性，值得国内参考（王丽、范劲松，2017）。由此可见，国内早期的商务英语能力量表研究已初见雏形。

随着ESP能力量表受到更多关注，商务英语能力量表的研究相较初期更具有系统性。如彭元玲（2017）在任务型语言行为测试理论的指导下，设计了一套商务英语案例活动评价量表，经过长周期实验、学生反馈、评估修订，量表的信效度获得了检验。焦晶（2018）针对商务英语的跨文化沟通能力尝试编制量表，并在国际经济与贸易专业本科生中对量表的效度进行了检验。此外，商务英语口语能力量表研究也更加微观，描述语横向参数框架和纵向特征系统得以构建（孔文、李清华，2020）。可以看出，尽管国内关于商务英语能力量表的文献数量有限，但研究内容已呈现出"由笼统到具体"的趋势。早期研究聚焦对已有量表的比较或述评，后期有学者不断尝试构建具体的语言能力量表模型，这使得商务英语能力量表成为国内学者在进行ESP量表研究时最为关注的领域。

3.1.2 中国英语能力等级量表对ESP能力量表的影响研究

《中国英语能力等级量表》(China's Standards of English Language Ability，简称CSE）由教育部和国家语言文字工作委员会于2018年4月发布，6月开始实施，此后国内学界开始探索其对ESP测评研究的影响。在测评标准方面，CSE中所考查的听说读写译技能、语言使用策略、语言活动等与ESP测试的诸多考查目标一致，如《商务英语国家标准》的理论框架（杨满珍、刘建达，2019），可为我国ESP考试的评测标准提供参照。在量表设计方面，CSE为开发ESP能力量表提供了理论依据，可为构建ESP量表的描述语库提供参考（刘建达、吴莎，2019；尹萧雪，2021）。在测评主体方面，CSE让ESP的测评主体超越教师，可在终结性评价基础上，融入自我形成性评价的方法，构成ESP综合评价体系。例如，自我评价量表可以帮助大学生更好地自主学习学术英语读写，通过应用形成性评价来促进自我监控和自我调节（顾定兰，2018）。

3.1.3 ESP能力量表设计研究

除商务英语能力量表外，国内学者也探索了其他领域ESP量表的设计，但数量较少。贾文峰、张培欣（2018）设计一项以"听读后写"为特点的测试，尝试基于评分量表同时测量受试者的英语语言能力和医学知识应用能力，并对量表进行了效度检验，凸显出ESP能力量表与普通英语能力量表的差异性，对ESP量表研制具有较高的参考价值。此外，还有研究在评析欧洲共同语言框架（Common European Framework of References，简称CEFR）的基础上，指出ESP能力量表的构建需要界定ESP构念、立足学科确定ESP典型活动、建立描述语库以及检验量表效度（王丽、王华，2019）。但此研究仅从整体上描述了ESP能力量表的研制步骤，并未涉及量表的具体设计。

3.2 国外ESP能力量表研究

3.2.1 ESP能力量表效度研究

相较国内，国外学者更关注ESP量表的构建，尤其重视量表的效度研究。Brown（1995）最早关注由语言教育者制定的专门用途语言评分标准的效度。他以导游日语等级考试为例，探讨评分者的职业背景与语言知识背景对评分结果的影响，表明仅有教学经历的评分者在英语语言知识方面的评分比具有导游工作经历的评分者更为严格。之后，Jacoby & McNamara（1999）将这种差异性研究视角引入ESP能力量表领域，分析了职业英语测试（Occupational English Test，简称OET）[1]评分规则与实际工作场景要求之间的区别，为改良类似测试评分标准提供了参考。这种来自领域专家（domain experts）或语言使用环境的要求且区别于该领域语言考试量表的评分标准，又被称作"indigenous criteria"（本土标准、本地标准），强调对于ESP表现的评估要与任务和情景相结合。

目前，"indigenous criteria"已成为国外ESP能力量表效度研究的重要内容，OET则成为重要的ESP考试。例如，有学者邀请医护专业的大学教师及临床医生，对医护专业培训者与患者间的互动做出反馈，旨在探索医护专业人员对英语能力的要求，从而为OET中口语测试构建更具专业性的评分规则（Pill，2016）。Knoch *et al*（2020）关注OET写作评分标准，通过医生和卫生信息管理员对来自医院的病人记录文本进行评估而形成一套测评标准，发现该评价标准与OET写

1 OET（Occupational English Test）是由墨尔本大学设计的一种针对医生和护士等医疗人员的英语能力测试。

作评分标准的范畴存在异同点。这表明，OET写作评分量表并不能完全反映受试在工作中的语言使用水平。除OET外，Knoch（2014）尝试通过飞行员对航空英语受试者的评分来验证国际民用航空组织发布的评分量表的信效度。上述研究表明，来自专业领域人士的评价重点与评价范围有别于该领域ESP测试已制定的评分标准。

此外，还有相关研究邀请非语言学领域的专家评估大型ESP测试的口语评分量表，发现非语言学领域的人士相比语言能力更关注沟通与交流能力，这直观地体现出领域专家与考试评分量表关注点的不同（Elder *et al*，2017）。

3.2.2 ESP能力量表的其他相关研究

国外学术界在ESP量表其他方向上的研究数量较少且分散。国外也有研究涉及ESP整体测评标准的构建（Jolita, 2018），但与国内研究类似，仅限于框架的描述，并未研制出具体的量表。此外，Bachman（1990）针对语言能力测试基本构念提出的交际语言能力模型（communicative language ability，简称CLA）同样是专门用途英语测评的基础。国外学者还参照CLA模型设计ESP测试中评估受试者交际能力的量表（Nešić & Hamidović，2022）。另外，国外ESP能力量表研究还涉及学术英语和商务英语写作量表的开发（Ghanbari & Barati，2020）。

3.3 总体评述

国内ESP能力量表研究呈现两大特点。（1）多数文献聚焦对已有量表的比较述评，或在理论基础上构建测评标准框架，仅有少数学者尝试通过实证研究设计和开发具体的专门用途英语能力等级量表。（2）除少量医学英语、学术英语和海事英语能力量表研究外，其余量表研究限于商务英语。

相较而言，国外ESP能力量表的研究特点如下。（1）重点关注ESP能力量表的效度验证，强调考试标准的要求应当联系语言实际应用情景的要求。（2）实证研究占大多数，使得研究结论更具科学性和说服力。

总体而言，国内外学者对ESP能力量表研究的侧重点明显不同，国内仍然以构建理论框架为主，国外则多见效度实证研究。

4 ESP量表研究的难点与解决思路

4.1 研究难点

虽然国内外学者研究侧重点不同，目前共同面对的最为突出的难点在于对语库构建与效度验证的描述。

第一，ESP能力量表描述语库构建挑战大。何莲珍、陈大建（2017：12）指出，“描述语的结构和内容承载着语言能力的理论构念及能力等级的区分要素，集中体现了量表的设计理念”。因此，描述语库的建立和分类是量表研究中十分关键且复杂的环节，目前国内外只有少量研究涉及描述语库框架构建（Knoch *et al*，2020；穆雷、张蓉，2023），而不同学科领域ESP能力量表描述语库研究仍十分稀缺，因此对应量表的设计也较难开展。同时，与通用英语能力等级量表不同的是，ESP量表的描述语库涉及对学科知识能力的描述，其涵括的描述语数量庞大，如何高效、准确地选择和分类也是学界面临的巨大挑战。

第二，ESP能力量表效度检验环节复杂。方绪军、杨惠中（2017：3）强调“确保量表良好的效度并基于证据进行效度验证是制定量表工作的核心和关键。”尽管国内学者已经逐渐开始关注量表的开发设计，但研究多限于量表的研制过程，仅有为数不多的几位学者在进行医学英语能力量表设计时提及了量表效度检验（如贾文峰、张培欣，2018）。目前，国内对于ESP能力量表的效度检验受样本数量和参评者选择的局限，具体表现为：倾向于对不同教师的评分情况进行相关性分析来检验量表的使用效度，且参评者多为英语教师。国外研究侧重于通过对比领域专家和ESP能力量表的评分标准来检验量表的内容效度（Knoch *et al*，2020）。由于学界对量表效度的认识尚未统一以及ESP量表的研制存在学科专业领域的特殊性，目前尚未实现对ESP量表的效度开展全面系统的检验。

4.2 解决思路

针对上述研究难点，笔者尝试提出相应解决思路。

第一，描述语库的建立是量表开发的基础环节，需引起重视。构建量表描述语库需经历描述语的采集、分级分类和验证等多个环节。在开展ESP量表描述语采集时，可基于CEFR、CSE等已有大型量表中描述语的采集规则，进一步参考对应学科的教学大纲和教材内容撰写描述语。此外，考虑到ESP量表学科知识的独特性，应在描述语的收集和分级分类过程中融合具体的学科知识要求，通过查阅文献或发放调查问卷来收集相关描述语，并邀请具有对应学科知识背景的专家及教师参与分级和验证（曾用强，2017）。

第二，为确保ESP量表的可行性，需对量表的效度进行全方位检验。与通用英语能力量表相似，ESP量表的效度也可分为构念效度、决策效度、教学反拨效度和社会影响效度（朱正才，2016）。制定专业有效的ESP能力量表需要从不同的效度视角，全面系统地检验量表的效度，同时加强跨学科研究者之间的协作。如采用定性方法，通过邀请领域专家对量表内容效度进行评估，或利用因子分析来检验量表的构念效度，平衡并融合评分标准中对语言能力和学科知识能力的考察。要确保参评者同时具有语言知识和学科知识的储备，通过对参评者的评分结果进行相关性分析，检验量表的决策效度。此外，通过对受试者和参评者进行问卷调查或访谈，检验量表的反拨影响效度等。

5　对我国未来ESP能力量表研究的展望

语言能力量表是测评研究的重要领域，量表的研发有助于更科学有效地开展外语测评工作。王丽、王华（2019）指出，ESP测试相关研究的当务之急是要制定统一、规范的ESP能力等级量表，科学划分ESP语言能力等级水平，为ESP教学、学习和评估提供系统、明晰的能力标准参照和指导。未来可重点聚焦以下两大研究方向。

5.1 多学科领域的ESP能力量表研究

目前，国内学界对英语能力量表的关注仍停留在通用英语考试领域，如CET和TEM考试，对ESP测试及量表的关注待加强。研究结果显示，国内外在ESP测试领域的研究重点存在差异，共性的问题是：对不同学科领域的ESP能力量表研究尚有欠缺，例如，商务英语在国内高校普遍受到重视，商务英语评分量表研究相对较多，而国外学者则更多关注OET。因此，随着我国对具有国际竞争力的人才的需求不断增长，除商务英语测试，还应对其他领域的ESP量表开发给予关注。需重点关注基于ESP测试的构念（construct）特征，结合不同学科领域的内容与语言特点设计ESP量表。

5.2 ESP能力量表的内容语言融合转向

ESP测试的特点决定了其测量范畴不会局限于语言能力。Douglas（2000）提出的框架除语言能力外，还测量学科领域知识的理解与应用能力。因此，ESP测试与内容语言融合学习理念（content and language integrated learning，简称CLIL）在内涵上高度契合。CLIL指将一种外语当作非语言内容教授与学习媒介的教育模式（Ball *et al*，2015），该理念指导下的ESP测试可帮助教师更好地考查学生对特定领域ESP的掌握情况。因此，在ESP能力量表设计实践中，如何体现对学科知识内容和语言能力的评估，以及如何更好地在评估过程中体现内容与语言融合的理念，值得关注。这种理念的应用也与国外学术界关注的ESP能力量表专业性有相通之处。普通英语能力量表关注对受试者的语言技能水平的评分，不涉及学科知识的评价，而ESP测试作为考查学科知识和英语语言能力的测试类型，其评分标准需同时考虑对内容与语言的评价。ESP能力量表的构建应满足既可测量受试者掌握一门语言熟悉程度，又能评估受试者在相关情境中使用该语言的能力。简言之，在设计和开发ESP能力量表时，除评估语言能力外，需考虑学科或职业情景对语言使用的要求，以确保量表语言性和专业性并存。

6 结语

国内ESP研究历经30多年的发展，已取得较丰硕的成果。随着跨学科领域的发展壮大及复合型高端人才培养的需求日益增强，ESP领域仍存在诸多问题亟待解决。ESP测试是ESP教学的关键环节，而ESP能力量表是ESP测试发展的突破口。科学、完善的测评体系有助于ESP课程更加系统、全面的建设（林竹梅，2017）。

本研究梳理了近30年国内外ESP能力量表的相关研究，并对其潜在发展方向做出展望，期待出现更多研究成果。

参考文献：

BACHMAN L F, 1990. Fundamental consideration in language testing[M]. Oxford: Oxford University Press.

BALL P, KELLY K, CLEGG J, 2015. Putting CLIL into practice[M]. Oxford: Oxford University Press.

BROWN A, 1995. The effect of rater variables in the development of an occupation-specific language performance test[J]. Language testing, 12(1): 1-15.

DELUCA C, CHENG L, FOX J, DOE C, LI M, 2013. Putting testing researchers to the test: an exploratory study on the TOEFL IBT[J]. System, 41(3): 663-676.

DIMOVA S, 2017. Life after oral English certification: the consequences of the test of oral English proficiency for academic staff for EMI lecturers[J]. English for specific purposes, 46: 45-58.

DOUGLAS D, 2000. Accessing language for specific purposes[M]. Cambridge: Cambridge University Press.

DUDLEY-ETANS T, ST. JOHN M J, 1998. Developments in English for specific purposes[M]. Cambridge: Cambridge University Press.

ELDER C, MCNAMARA T, KIM H, PILL J, SATO T, 2017. Interrogating the construct of communicative competence in language assessment contexts: what the non-language specialist can tell us[J]. Language & communication, 57: 14-21.

GHANBARI N, BARATI H, 2020. Development and validation of a rating scale for Iranian EFL academic writing assessment: a mixed-methods study[J]. Language testing in Asia, 10: 17-38.

HALLIDAY M, MCINTOSH A, STREVENS P, 1964. The linguistic science and language teaching[M]. London: The English Book Society and Longman Group Ltd.

HUTCHINSON T, WATERS A, 1987. English for specific purposes: a learning centered approach[M]. Cambridge: Cambridge University Press.

JACOBY S, MCNAMARA T, 1999. Locating competence[J]. English for specific purposes, 18(3): 213-241.

JOLITA S, 2018. Is ESP standardized assessment feasible?[J]. The journal of teaching English for specific and academic purposes, 6(3): 525-534.

KNOCH U, 2014. Using subject specialists to validate an ESP rating scale: the case of the International Civil Aviation Organization (ICAO) rating scale[J]. English for specific purposes, 33: 77-86.

KNOCH U, ELDER C, WOODWARD-KRON R, MANIAS E, FLYNN E, MCNAMARA T,

HUISMAN A, ZHANG B Y, 2020. Capturing domain expert perspectives in devising a rating scale for a health specific writing test: how close can we get?[J]. Assessing writing, 46: 1-13.

NESIC I, HAMIDOVIC K H, 2022. Developing a scale for assessing communicative competence of students learning English for specific purposes[J]. Journal of teaching English for specific and academic purposes, 10(3): 481-492.

PILL J, 2016. Drawing on indigenous criteria for more authentic assessment in a specific-purpose language test: health professionals interacting with patients[J]. Language testing, 33(2): 175-193.

WANG L, FAN J, 2020. Assessing business English writing: the development and validation of a proficiency scale[J]. Assessing writing, 46: 100490.

WESTBROOK C, 2023. The impact of input format on written performance in a listening-into-writing assessment [J]. Journal of English for academic purposes, 61: 101190.

方明，2010. 商务英语写作能力量表研究[D]. 哈尔滨：黑龙江大学.

方绪军，杨惠中，2017. 语言能力等级量表的效度及效度验证[J]. 外国语（上海外国语大学学报），40（4）：2-14.

顾定兰，2018. 等级量表对学术英语自主学习形成性评估的指导性研究[J]. 戏剧之家（33）：163-164.

何莲珍，陈大建，2017. 中国英语能力等级量表结构探微——听力描述语的横向参数框架与纵向典型特征[J]. 外语界（4）：12-19.

贾文峰，张培欣，2018. 以“听读后写”为特点的医务英语写作测试评分量表研究[J]. 外语测试与教学（1）：12-18.

焦晶，2018. 跨文化商务沟通能力模型构建及测评研究[D]. 北京：对外经济贸易大学.

孔文，李清华，2020. 商务英语口语能力等级量表的理论模型构建[J]. 外语界（3）：61-69.

林竹梅，2017. ESP语言认知研究[M]. 北京：对外经济贸易大学出版社.

刘建达，吴莎，2019. 中国英语能力等级量表研究[C]. 北京：高等教育出版社.

穆雷，张蓉，2023. 国家军事口译能力测评体系的构建探索——量表研制的原则、方法与思路[J]. 中国翻译，44（3）：34-43，189-190.

彭元玲，2017. 任务型语言行为测试在商务英语案例课中的应用：理论与实践[J]. 外语测试与教学（2）：45-52.

曲欣，张鹏飞，2019. 从法律英语证书（LEC）考试看我国涉外法治专业人才培养路径[J]. 语言与法律研究（1）：150-164.

王淙，杨妍，2016. 商务英语口语能力量表研究[J]. 海外英语（7）：84-86.

王丽，范劲松，2017. 国外商务英语能力等级量表研究述评[J]. 解放军外国语学院学报，40（5）：102-109.

王丽，王华，2019. ESP能力等级量表评价体系的构建原则和方法[J]. 外语学刊（3）：79-85.

王立非，许德金，江进林，2015. 全国商务英语专业四级考试的测试学分析[J]. 广东外语外贸大学学报，26（1）：5-11.

徐溢芳，2011. 基于ESP测试特点及原理改革航海英语测试[J]. 航海教育研究，28（2）：108-110.

徐鹰，章雅青，2021.《中国英语能力等级量表》对学术英语词汇教学与测试的启示[J]. 中国ESP研究（1）：61-70，109.

杨满珍，刘建达，2019. 中国英语能力等级量表与商务英语测评[J]. 中国外语，16（3）：13-20.

尹萧雪，2021. 交互构念视角下的商务英语口语能力量表构建[D]. 重庆：四川外国语大学.

于洋，2009. 在搭配中学习科技英语次专业术语的实证研究[D]. 上海：上海外国语大学.

张慧芬，陈坚林，1994. "商务英语证书"试题简介及考前培训建议[J]. 外语界（3）：28-31.

曾用强，2017. 中国英语能力等级量表的"阅读量表"制定原则和方法[J]. 外语界（5）：2-11.

朱正才，2016. 中国英语能力等级量表效度研究框架[J]. 中国考试（8）：3-13.

作者简介：

泰中华　大连外国语大学英语学院博士、副教授、研究生导师。研究方向：语言测评、外语教育。通信地址：辽宁省大连市旅顺口区旅顺南路西段6号。邮编：116044。电子邮箱：livechina0102@163.com

朱冰淼　大连外国语大学英语学院硕士研究生。研究方向：语言测评、外语教育。通信地址：辽宁省大连市旅顺口区旅顺南路西段6号。邮编：116044。电子邮箱：0181103023@shisu.edu.cn

（责任编辑：徐立新）

专门用途英语教学理念与实践的“语言服务转向”

王立非 北京语言大学

提 要：本文论述语言服务教育的内涵与必要性发展历程，提出在人工智能与新质生产力发展的新形势下，专门用途英语（ESP）教学要在理论和实践上推动“语言服务转向”，这不仅是时代和社会的需求，也是ESP教学自身发展和跨学科融合的需要，将赋能学生服务学科领域与行业职场的能力。

关键词：专门用途英语；教学理念；教学实践；语言服务；服务转向

1 引言

党中央提出教育强国，加快发展新质生产力等重大战略举措，为ESP教育教学改革提供了根本遵循。ESP教学致力于满足学生在特定学术或职业领域中的语言使用需求，在我国全面进入人工智能和新质生产力发展的战略机遇期，ESP教育如何适应时代之变，谋划创新发展是外语界必须回答的问题（蔡基刚，2022）。本文提出“语言服务转向”的论断，为ESP教学理念和教学实践提供新视角。从教育内涵和学科特色两个方面论述回顾语言服务教育的必要性发展历程，提出专门用途英语教学在理念上和实践上实现“语言服务转向”，强调ESP教学的语言服务内涵和功能，推动专用语言服务教育，提升学生的专业学科领域和职业岗位的服务能力，以期对ESP教学和科研提供参考与启示。

2 语言服务教育的兴起

“服务学习”概念最早来源于社会服务和志愿服务领域，强调服务的过程和效果对个体发展和社会进步的贡献（黄孔雀，2015）。语言服务是指利用专业的语言知识和技能，通过口笔译、教育培训、文字编辑校对、本地化服务、多语言内容管理等多种手段，满足跨语言沟通和经贸及文化交流需求等一系列专业活动（王立非，2021）。当引入ESP教学中时，这一理念促使教学设计和实践更加注重语言学习与实际应用的结合，以及学生如何通过语言能力的提高来服务于社会和跨文化交流。与传统的以考试成绩和语言技能为中心的教学方法相比，“语言服务转向”更加强调学生中心、需求驱动和实践应用。

语言服务学是语言服务教育的核心理论基础，包含三个核心领域，即语言服务理论、语言服务教育、语言服务应用。语言服务教育是指专门开设课程培养学生掌握翻译、语言技术、文字编辑校对、技术写作、本地化等所需的专业知识、技能和能力。语言服务教育体系包括理论体系、课程体系、实习实训体系、教师发展体系、教学评价体系和教学保障体系六个方面。

从教育内涵看，语言服务教育注重培养学生在多语环境中的专业服务能力。突出语言、技术、服务三结合的教育思想，强调多学科的理论交叉与跨学科的实践应用。一是突出跨学科学习，语言服务教育汲取了翻译学、语言学、文化学、交际学、计算机技术等多个学科的理论与方法，以适应不同语言服务领域的需求。强调理论与实践的结合，倡导基于项目的学习方法，让学生在实践中掌握专业技能。二是突出专业能力培养，不仅注重提高语言能力，还注重培养专业技能，如翻译标准化、翻译软件操作、文字编辑与校对规范等，为未来的语言服务职业生涯打下坚实基础。三是突出跨文化理解与沟通，不仅要学会跨语言有效沟通，还要学会理解和尊重文化差异，能够在多元文化的环境中准确、高效地提供语言服务。四是突出技术融合，语言服务依赖于各类人工智能技术和工具，强调技术的重要性，培养学生使用现代信息技术提高工作效率的能力。

从学科特色看，语言服务教育注重学习与实践的紧密结合，强调培养学生的实际操作能力，提升实用性和应用性。注重从跨文化视角出发，培养学生的全球视野和文化敏感性，能够在不同文化背景下有效地工作和交流。注重专业性，越来越重视语言教学与专业知识教学深度融合，如法律翻译、医学翻译、技术写作等。注重技术整合，将最新的技术发展融入课程和教学中，教会学生如何有效利用语言技术和数字资源提高工作效率和质量。

3 ESP教学理念的语言服务转向

ESP在教学理念上实现向语言服务转变符合我国经济、文化和教育发展对ESP能力的需求。

3.1 以思政育人为引领的ESP教学理念必然转向语言服务

ESP教学不仅仅是知识和技能的传递，更承担着培养社会主义事业接班人和促进社会发展的重要使命。“语言服务”的理念关注学生的职业发展，以及如何通过掌握语言能力服务国家和社会，从而提升学生的国家主人公意识和社会责任感。这不仅是对教育本质使命的深刻思考，也是对教育实践活动的有效创新。ESP教学融入“语言服务”理念体现外语教育培养服务国家民族的有用人才和促进社会进步的具体实践。国家主人公意识是指个体作为国家和民族一分子的荣誉感和使命感，是社会主义精神文明建设的重要内容（陈树文、林柏成，2018）。ESP教育融入“语言服务”理念不仅关注学生的个人发展，更强调个人发展与国家和民族复兴紧密结合，引导学生学习国家的外交政策、国际形势等内容，让学生深入理解服务国家利益的重要性，培养国家意识和国际视野。社会责任感是指个体对社会和公众利益的关心及愿意为改善社会做出贡献的意识（陈树文、林柏成，2018）。在ESP教学中融入“语言服务”的理念使学生在学习专业英语的同时，直接参与社会服务和实践中去，使“语言服务”的理念具体化和实践化，注重思政育人，培养服务意识、社会责任感、国际理解，促进学生全面成长成才。

3.2 以职业需求为导向的ESP教学理念必然转向语言服务

作为一种针对特定领域或职业需求的语言教学模式，ESP历来注重专业词汇和基础听说读写技能教学。然而，随着全球化进程的加速和知识经济时代的到来，社会对人才的要求已经从单一的语言技能转向更加全面的综合能力（蔡基刚，2022）。因此，现代ESP教学理念和实践也在发生着深刻的变化，不仅仅聚焦语言知识的学习，更加重视批判性思维、解决问题能力和跨文化交际能力的培养。将“语言服务”理念融入ESP教学，将语言技能学习和问题导向思维与解决实际问题相结合，无疑会极大地提高学生的综合素质。批判性思维能力是指个体在遇到问题时能够独立思考、分析问题、评估信息并做出合理判断的能力（文秋芳，2014）。在传统的ESP教学中，虽然学生能够掌握大量专业词汇和表达方式，但往往缺乏对信息的深入分析和批判性评价（喻昕，2015）。通过将"语言服务"理念融入教学，学生可以在解决实际问题的过程中，运用所学语言技能进行信息搜集、分析和评估，培养批判性思维能力。解决问题的能力是现代社会极为重要的一种能力，要求学生能够面对问题，有效地识别问题，提出解决方案。ESP教学融入"语言服务"理念可以在真实或模拟的语言服务活动中，实践和运用语言技能和专业知识，从而提升解决实际问题的能力。

3.3 以学生发展为中心的ESP教学理念必然转向语言服务

我国的外语教育理念经过多年发展已转变为强调以学生为中心，注重满足学生的个体需求和培养学生的实际应用能力（王守仁，2016）。这种转变体现了教育理念的进步和教学方法的创新，更加符合当代社会对于外语人才的实际需求。在这个背景下，"语言服务"作为一种新的外语教学理念，强化了学生为中心的教学原则，有效提高了学习的动机和参与度，促进了学生实际应用能力的提升。学生为中心的教学原则强调教学活动应围绕学生的需求展开，注重学生主动参与和体验，以及教学内容与学生实际生活和兴趣紧密结合。这种理念倡导教育应关注每个学生的成长和发展，尊重学生的个性差异，通过提供丰富多样的学习情境，激发学生的学习兴趣，培养学生的批判性思维和解决问题的能力（孙雁，2023）。"语言服务"作为一种教学模式，正是学生中心教育理念的具体实践。这种模式强调学生通过参与设计好的、与实际社会服务项目相结合的学习活动，将ESP语言学习与真实的行业或职业需求相连接。不仅让学生在实践中学习和使用外语，提高解决实际问题的能力，还让学生在服务的过程中体验到学习的价值和意义，从而提高学习动机和学习效果。更好地满足学生为中心的教育理念要求，为学生的全面发展和终身学习奠定坚实的基础。

3.4 以学科交叉为模式的ESP教学理念必然转向语言服务

当今社会高度多元化和相互关联，人文社会科学与自然科学高度交叉融合，人类面临的挑战和问题往往涉及多学科知识和技能，要求未来的专业人才不仅要精通本学科，还要能够跨学科地运用多领域知识解决问题（范烨等，2023）。这种教育模式与“语言服务”的理念高度一致。ESP强调语言与商务、法律、环境科学、公共卫生、国际关系等不同学科领域交叉复合，通过跨学科学习培养学生综合分析问题和解决问题的能力。“语言服务转向”强调语言服务各行各业，将专门用途语言（LSP）学习与社会服务和专业实践相结合，通过跨学科课程学习和实训提升ESP语言技能，增强对相关专业领域的理解力和服务能力，为ESP教学带来新视角和方法。实施跨学科课程需要教师具备跨学科知识和协调能力，学生需要适应不同学科知识学习和应用，学校和教育机构需要提供相应的资源和支持（范烨等，2023）。

ESP在教学理念上转向语言服务，需要在教学策略、课程设计、学习评估以及与社会实践等方面不断创新，打破传统的语言教学模式，将语言技能训练与实际服务能力培养相结合。实现ESP教学的理念转向需要做到：一是要设计行业实际需求的ESP课程，学习内容直接响应社会需求，增加学习的实践性和相关性；二是要鼓励跨学科合作，不同专业的ESP学生合作学习，用英语作为服务工具，提供跨学科的解决方案；三是要利用技术开展专业领域的语言服务，结合ESP学习需求，开发法律、医学、商务等专用学习系统，加入职业服务功能，支持专用英语学习；四是要强化实践评估，评估学生的语言能力进步和专业技能的提高。

4 ESP教学实践的语言服务转向

ESP教学实践的语言服务转向强调对专业领域的特定需求开展有针对性的教学，为“语言服务”提供良好的实践场所和应用环境。通过深入分析特定行业或领域的语言使用情境，ESP教学内容设计更加贴近实际应用场景，学生将所学知识和技能直接应用于行业服务和社会服务中。ESP项目式学习与实践活动相互融合，提供了一种将课堂教学与解决现实问题相结合的教学模式，与“语言服务”理念高度吻合。学生通过参与项目，在真实或模拟的行业服务环境中使用英语交流，在实践中学习和提高ESP能力（张海明,2016）。ESP教学的“语言服务转向”为跨学科学习和合作提供了广阔的平台，通过与其他专业领域的合作，共同设计出既满足语言学习需求，又能解决实际行业问题的教学项目，不仅能增强学生的专业能力，还能提高语言应用能力和团队合作能力。人工智能等现代信息技术的发展为“语言服务转向”提供了强有力的支持，例如网络教学平台、社交媒体和在线协作工具等技术不仅能突破地域和时间的限制，还能提供更多样化和个性化的学习资源和交流平台，促进学生在全球范围内开展语言服务实践活动。ESP教学转向“语言服务”不仅是一种理念上的变革，更需要在教学实践中寻求教法突破和创新，具体可采取以下语言学习与实际服务相结合的方法。

4.1 服务学习式ESP教学

服务学习（service-learning）是一种结合了社会服务与学习目标的教学策略，学生通过参与真实的服务活动获得学习体验（姚梅林、郭芳芳，2015）。服务学习是一种将课业学习与社会服务相结合的教育模式，有助于全面优化教育成效，并在培养良好社会公民方面具有独到优势（Bringle & Hatcher，1996）。融入服务学习是应对全球化趋势和社会转型期所面临挑战的一种现实需要和自然选择，但教育界尚未对服务学习予以足够的重视（姚梅林、郭芳芳，2015）。应当深刻认识服务学习的内涵和价值、确立适宜的服务学习形式、遵循规范的服务学习流程，建立相应的制度保障（洪浏等，2020）。

图1　服务学习式ESP教学方法（Nejmeh，2012）

以服务学习融入专业ESP课程教学为例，让学生参与实际的软件工程项目，不仅提升了学生的工程英语水平和工程技术技能，还培养了团队合作、沟通和项目管理等软技能。服务教学设计包括六个步骤（Nejmeh，2012），见图1。（1）项目选择。选择与社会需求相关的项目，让学生运用所学知识解决实际问题。利用技术创新，利用在线平台、社交媒体和移动应用等工具，开展线上服务项目。在软件工程课程项目中，要求学生团队设计开发一个网页，宣传低碳生活。不仅需要具备软件开发技能，还需要查阅大量中外环保基础知识，以及如何通过技术影响和改变用户行为，大量的查阅、改编和翻译中英文资料极大地提升ESP教学的实用性和社会价值。（2）团队合作。学生与同伴合作完成项目任务，利用计算机软件编程能力为中外企业制作中英文环保宣传资料，参与实际服务工作，不断提升自己的专业英语能力和公共参与意识。（3）专家指导。教师和行业专家提供指导和支持，让学生到企业实际调研和访谈，通过大数据技术挖掘国内外市场信息，采用大语言模型辅助，完成调研报告编写和业务计划书编制等，培养学生用ESP英语和软件技术能力解决实际问题，企业从学生的项目中受益。（4）社会参与。学生与社区机构紧密合作，了解社会需求。如学生通过与当地社区医院合作，利用软件工程专业的技能，参与研制医疗机器翻译服务系统，或自动双语问诊应答服务、自动病情诊断服务系统，通过完成项目，提高医学英语和计算机英语水平，增强职业素养和社会服务能力。（5）项目管理。学生学习如何管理项目，包括规划、执行、监控和评估项目进展。将项目管理理论知识与实践应用结合，操作项目管理工具，定期反馈与同行评估，持续提升项目管理技能。（6）反思和评估。通过项目实施，学生对整个项目过程和结果进行反思，书面总结或口头汇报个人学习收获和学习成果，包括ESP应用能力、软件制作能力、项目管理能力等方面的提升。ESP教学实践转向语言服务，不仅是一种必要的教学模式，也是一种有效的社会实践模式，有助于将所学语言知识与技能应用到真实的专业或职业场景中，为今后走入职场打下坚实的基础（Yorio & Ye，2012）。

4.2 项目依托式ESP教学

项目依托式学习（project-based learning，简称PBL）是一种以学生为中心的教学模式，让学生在真实或接近真实的情境中，通过小组合作解决具有挑战性的问题，在此过程中实现知识的深入理解和技能的应用（张文忠等，2019）。ESP教师可以设计与学生所学专业领域相关的项目，例如为工程英语学生设计一个项目，让他们为海外的中国企业环保问题提出解决方案，用英语撰写项目报告。为旅游英语学生设计项目，让他们参与制定海外旅游推广计划，用英文撰写营销推广策划书，与国际游客沟通。

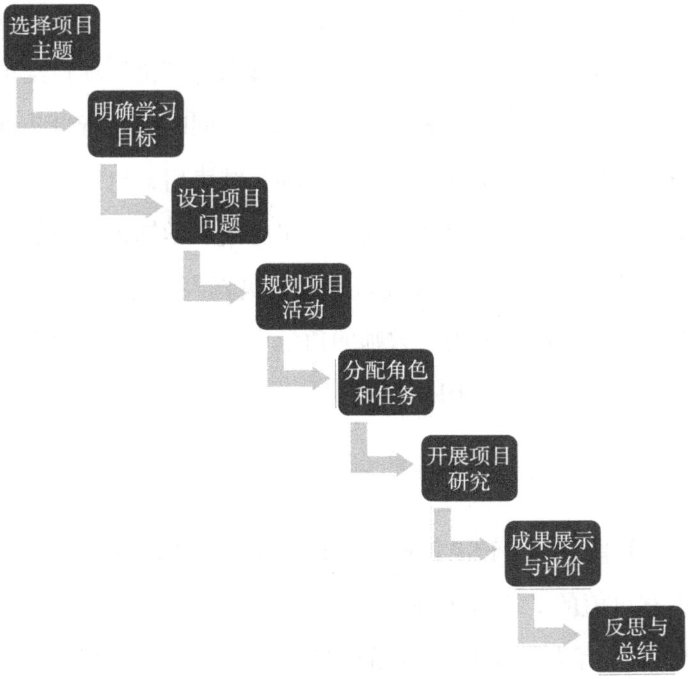

图2　项目依托ESP教学方法（Yew & Goh，2016）

以工程英语教学为例，PBL教学可以提高学生的团队合作能力、演示技巧、谈判能力、研究能力和批判性思维，具备未来工程师所需的基本特征。具体方法和步骤如下（见图2）。（1）选择项目主题。选择与学生生活紧密相关、能够激发学生兴趣和探究欲望的项目主题，确保主题具有探究价值和教育意义。工程英语的话题可以包括绿色建筑与可持续发展、智能建筑与智能家居、可回收材料、纳米材料等环保和高科技材料、地震灾害预防与工程结构安全、工程伦理与社会责任等。（2）明确学习目标。根据工程英语课程要求和学生实际情况，明确项目的学习目标，确保项目活动能够覆盖所需的知识点和技能。（3）设计项目问题。设计具有挑战性、开放性的工程英语问题，引导学生深入思考和探究，问题应围绕项目主题并能够推动项目进展。（4）规划项目活动。规划项目实施的具体步骤和活动，包括资料收集、实地考察、实验操作、讨论交流等，确保活动有助于学生解决问题。（5）分配角色和任务。根据项目需要和学生特长，组建合作小组，合理分配角色和任务，确保每个学生都能积极参与并发挥自己的优势。（6）开展项目研究。在教师的引导下，学生通过各种方式收集信息、分析问题、提出解决方案，并在实践中不断优化和完善。（7）成果展示与评价。项目结束时，学生展示成果，包括研究报告、设计方案、模型制作等。同时，进行自我评价和同伴评价，教师也应提供反馈。（8）反思与总结。项目结束后，组织学生进行反思，总结学习过程中的收获和不足，以及如何进一步应用所学知识和技能。项目依托式学习强调学生的主动参与和合作探究，通过解决真实问题促进学生的深度学习，培养学生的综合素养和创新能力。教师的角色更多是指导者和协助者，而非单纯的知识传授者（Yew & Goh，2016）。

5 结语

生成式人工智能时代，ESP教育不再是仅仅传授语法规则和扩大词汇量，而是转向提供更有价值的“语言服务”。大语言模型人工智能技术的应用，为实现这一转变提供了强有力的工具。AI通过自然语言处理，提供个性化学习体验，生成针对学生特定需要的练习和教材，模拟真实的交流场景，让学生在模拟的职业服务环境中运用所学知识更有效地实现服务技能的迁移。在理念层面，“语言服务转向”更加重视语言行业的服务功能，以满足学生特定领域（如商业、法律、医学等）的实际应用需求。在实践层面，“语言服务转向”意味着ESP教育将更多地依赖于项目式学习、服务学习等方法，让学生在真实或接近真实的专业情境中应用语言知识，为未来职业生涯做好准备。“语言服务转向”让教师的角色也发生变化，教师不再是知识传授者，而成为指导者、协调者和促进者，通过任务设计和实施项目，引导学生实践探索和学习，运用AI技术手段支持和增强学习过程。生成式人工智能时代的“语言服务”理念与实践转向标志着ESP教育的实用性、个性化和技术驱动性更强，不仅提高了学习效率和效果，同时也让学生掌握智能化的语言服务技能，以适应不断变化的职场和工作环境。让我们期待这场变革早日到来。

参考文献：

BRINGLE R G, HATCHER J A, 1996. Implementing service learning in higher education[J]. The journal of higher education, 67(2): 221-239.

NEJMEH B A, 2012. Service-learning in the computer and information sciences: practical applications in engineering education[M]. E-book, Wiley-IEEE Press.

RUSMAN E, 2017. Problem-based learning: engaging students in real-world challenges[J]. Computers & education, 119: 1-13.

YEW E H J, GOH K, 2016. Problem-based learning: an overview of its process and impact on learning[J]. Journal of educational development, 2(1): 1-16.

YORIO P L, YE F, 2012. A meta-analysis on the effects of service-learning on the social, personal, and cognitive outcomes of learning[J]. Academy of management learning & education, 11(1): 9-27.

蔡基刚，2022. 大学英语是通识教育还是专业教育？再论大学英语教学的专门用途英语定位[J]. 当代外语研究（3）：84-91.

陈树文，林柏成，2018. 新时代做好大学生社会责任感培养工作的四个维度——以习近平的青年思想政治教育工作理论为指导[J]. 思想理论教育导刊（2）：133-136.

范烨，孙庆祥，季佩英，2023."四新"建设背景下专门用途英语课程跨学科合作教学模式探究——以复旦大学学术英语（医学）课程为例[J]. 外语界（5）：8-15.

洪浏，彭诗琪，徐珂，陈瑜. 2020. 服务学习课程的设计：基于设计思维的实践框架[J]. 复旦教育论坛（5）：63-70.

黄孔雀，2015. 美国高校服务学习模式述评[J]. 高教探索（2）：61-65.

孙雁，2023. 大学英语课堂思政和学生思辨能力培养[J]. 山西财经大学学报（S1）：139-141.

王立非，2021. 从语言服务大国迈向语言服务强国——再论语言服务、语言服务学科、语言服务人才[J]. 北京第二外国语学院学报（1）：3-11.

王守仁，2016. 谈中国英语教育的转型[J]. 外国语（3）：2-4.

文秋芳，2014. 大学英语教学中通用英语与专用英语之争：问题与对策[J]. 外语与外语教学（1）：1-8.

姚梅林，郭芳芳，2015. 服务学习在中国：现实需要与推进策略[J]. 北京师范大学学报（社会科学版）（3）：51-58.

喻昕，2015. 大学英语教学思辨能力培养模式构建[J]. 山东社会科学（S2）：347-348.

张海明，2016. 大学英语ESP项目课程的内涵与设计[J]. 外语教学理论与实践（1）：73-78.

张文忠，刘宏刚，夏赛辉，2019. 本土化依托项目英语教学：理论与实践[M]. 北京：高等教育出版社.

作者简介：

王立非　北京语言大学教授、博士生导师。研究方向：语言教育、语言服务、商务英语。通信地址：北京市海淀区学院路15号。邮编：100083。电子邮箱：philipw@126.com

（责任编辑：侯俊霞）

人工智能技术在学术写作中的应用新探：《研究论文修改中的自动书面纠错反馈》评述*

颜 奕 清华大学
武 斌 清华大学

提 要：本文评介了2023年由Routledge出版的"中国视角"系列学术著作之一《研究论文修改中的自动书面纠错反馈》(*Automated Written Corrective Feedback in Research Paper Revision*)。该书通过评价研究和参与研究，探讨了自动写作纠错反馈在研究论文修改中的应用，展示了一个人工智能辅助的自动写作评价工具对学术写作的影响，能为人工智能技术与外语教学深度融合提供实践启发，亦能促进相关工具的持续优化和未来研究的拓展。

关键词：人工智能；自动写作评价；学术写作

1 引言

随着人工智能尤其是机器学习和自然语言处理等自动评测技术的快速发展，自动写作评价（automated writing evaluation，简称AWE）工具倍受关注（Zhu *et al*，2020）。AWE系统的开发源于20世纪60年代，其初衷是用于大规模考试作文评分，21世纪初开始应用于语言教学的形成性评价（唐锦兰，2014）。这类工具的发展正逐渐改变传统写作教学，为写作者提供更智能化、个性化的即时反馈。近年来，越来越多的争议围绕AWE纠错反馈展开。开发者和部分研究者认为自动化反馈可帮助学生改进写作，而另一些学者指出将学生的注意力从写作

* 本文系清华大学教育教学改革项目"英语研究论文写作课程的反馈机制探索"（项目编号：53410000624）的阶段性研究成果。感谢清华大学外文系郭茜教授赠书。

内容转向写作的形式属性会对其写作行为产生负面影响（Li *et al*，2015）。由此可见，AWE系统的潜在教学和评估价值仍需进一步探究。由Routledge 2023年出版的“中国视角”系列学术著作之一《研究论文修改中的自动书面纠错反馈》（*Automated Written Corrective Feedback in Research Paper Revision*）是该领域研究的最新延续。该书是清华大学郭茜教授团队基于博士生英语课程《学术论文写作与发表》的研究成果，探索了自动纠错技术在研究论文修改过程中的应用。

2 内容概述

第一章介绍自动写作评价系统在英语写作中的应用。学术写作对于学者取得学术地位至关重要，但掌握相应的写作技巧对初学者而言是一项挑战。作为AWE最核心的功能，自动书面纠错反馈（automated written corrective feedback，简称AWCF）可促进研究论文的写作，提高初学者的信心，减轻教师的工作负担。然而，当前尚未有充足的研究关注AWE工具在研究论文写作中的应用效果、反馈质量及学生参与度和影响因素。本章初步介绍了该书中具有重要实践价值的两项实证研究。

第二章回顾了与AWE的有效性、学生参与及反馈质量相关的文献。研究表明，AWE系统对改善学生写作结果有积极作用，能针对具体语言问题提供及时反馈，包括错误标记、纠正建议及元语言解释。这类工具还能提供多次修改机会，加速练习和反馈的循环，且提供的反馈比教师或同伴反馈更加一致和客观，但其有效性受反馈显著性、错误类型、反馈质量和个人因素等影响。已有研究多侧重非源文写作，对研究写作探究不足，且多采用非实验设计，缺少实验研究，尤其是随机实验。由此，作者论证了交叉设计试验（crossover trial）的优势。该章节还综述了学生使用此类工具时的参与情况。学生参与是个多维构念，包括行为、情感、认知和社交四个维度。已有研究对社会维度的关注不够。在评估反馈质量时，以往研究关注了标记的准确率，较少考虑建议的准确率和遗漏的错误。该章最后介绍了Grammarly，并指出有关其使用效果和学生参与的研究相对不足。

第三章概述两项研究的背景、设计、参与者及数据收集与分析。该研究在国内一所知名大学开设的学术论文写作与发表课程中进行。第一项研究对Grammarly在研究论文修改中的应用进行了系统评价和用户评价。其中，系统评价聚焦了Grammarly的准确率和召回率，用户评价则探究了Grammarly对研究论文修改结果的影响。研究采用随机对照实验设计，将一个班的40位博士生分为实验组和对照组，实验组在提交一稿和二稿之间接受Grammarly培训，对照组在提交二稿和三稿之间接受培训。第二项研究则调查了学生使用Grammarly时的参与情况，聚焦学生个体而非整个班级，以获取对学生参与的深描和分析。四位博士生自愿参与研究，并在提交一稿和二稿之间接受了Grammarly培训。研究采用录屏、刺激回溯和结构化访谈的方式收集质性数据。

第四章“系统评价”报告Grammarly在研究论文修改中的总体准确率和召回率，以及四种错误类型（即规范、语法、标点和拼写）的准确率和召回率。评估显示，Grammarly的标记准确率为0.67，建议准确率为0.84，召回率为0.35。准确率和召回率的数值在四种错误类型之间存在差异。在标记方面，语法和规范的准确率最高，其次是拼写，标点最低。在建议方面，标点的准确率最高，其次分别是语法、规范，拼写最低。标点的建议准确率最高，但标记准确率最低，这表明Grammarly标记的大多数标点，原始用法和修正建议都是准确的，无需进行标记。拼写的建议准确率最低，标记准确率仅次于最低，这表明Grammarly对拼写错误的标记和建议都不太成功，主要由Grammarly对专业术语和研究人员姓氏的判断失误导致。在四类错误中，拼写的召回率最高，其次是语法、规范，标点则最低，表明Grammarly错过了大部分标点错误。本章还汇报了每类错误中出现不准确标记、不准确建议及遗漏错误的频率和案例，并分析了造成这些失误的原因。

第五章“用户评价”聚焦AWE的使用对研究论文修改结果的影响。纠错成功率结果和回归分析结果均表明，在研究论文修改中使用Grammarly可助力学生提高语言准确率。作者分别计算了实验组和对照组就Grammarly已识别和未识别错误的纠错成功率。结果显示，在处理Grammarly已识别的错误方面，实验组在第一轮修改中错误减少的幅度较大，而对照组较小。在第二轮修改中，两组都可使用Grammarly，对照组在修改结果上稍优于实验组。这证明Grammarly对减少已识别的错误有积极作用，并且在使用Grammarly前先让学生自行修改可能效果更好。就

Grammarly遗漏的错误，两组从初稿到二稿的纠错成功率和效应值没有明显差异，但初稿和三稿的对比显示对照组的纠错成功率和效应值反而略大于实验组。这表明Grammarly对其遗漏的错误未提供明显帮助，甚至可能阻碍这类错误的修订。作者还探究了Grammarly能否提高修改概率，以及反馈质量对修改概率的影响。结果显示，实验组的修改概率较于对照组高出20%，反馈质量对修改概率也有显著影响，处理遗漏错误的概率比准确反馈低30%，学生研究经验也对修改概率产生影响。

第六章描述个案使用Grammarly进行研究论文修改时的参与情况及影响因素。行为参与聚焦学生的修改操作、修改策略、查看情况及修改时间。参与者未盲目接受、拒绝或替换机器反馈，而是求助了外部资源，但元语言解释未得到充分利用，多数未能发现机器遗漏的错误，未进行自我修订。认知参与考查了学生的认知和元认知策略。参与者注意到了所有反馈，并设法理解反馈的原因和性质，还评估了其准确性，先处理较容易的错误，并将后期错误与前期错误及遗漏的类似用法相关联。情感参与涉及情感和态度反应。参与者对机器反馈总体持积极态度，但对其准确性有不同程度的怀疑，认可Grammarly处理语法错误的优势，但怀疑其纠正逻辑、内容和术语错误的有效性。社交参与是学生在使用AWE工具时与他者的互动。多数参与者未与他者交流，仅个别在课外与同伴讨论了Grammarly的使用。本章还揭示了影响学生参与的个体因素，包括学生的独立意识、体裁意识和发表经验，以及情境因素，包括错误类型、AWE工具设计和学科规范。

第七章概括了研究的目的、发现、贡献及未来方向。研究探讨了Grammarly在研究论文修改中的应用，提供了系统评价和用户评价，还调查了学生参与情况及影响因素。结果显示，在修改研究论文时，Grammarly标记和建议的准确率较高，但召回率较低，使用该工具能显著提高语言准确性。学生使用Grammarly时在行为、认知和情感上有积极的参与，但社会参与不显著，这些与个体和环境因素相关。该研究对理论、方法和实践皆有重要贡献，也为未来研究指明了方向。

3 简评

以下将从研究方法和AWE的应用方式两个方面将该书与国内外已有研究进行比较，以便读者进一步了解该书在相关领域的地位及未来研究的可能性。

3.1 研究方法

量化研究和质性研究作为两种不同的研究范式在应用语言学领域被广泛使用。下文将比较已有研究和该书研究中所运用的研究方法，分析该书在研究方法上的贡献与不足。

根据Fu *et al*（2024）对AWE相关研究的梳理，多数研究采用了量化方法（如O'Neill & Russell，2019），仅个别采用质性方法（如Jiang & Yu，2022），近半数采用混合方法（如Bai & Hu，2017）。该书两项研究则分别采用量化和质性方法，探索了不同的研究问题。其中，量化研究考量了AWE系统的使用效果，质性研究描述了学习者应用AWE过程中的参与情况。唐锦兰、吴一安（2011）曾指出，教育技术研究不仅要关注技术应用的结果，更应探究应用过程及参与者，以揭示影响技术应用效果的因素。该书研究对技术应用的结果和过程皆有探究，但未采用量化与质性结合的混合研究方法，针对一个研究问题进行深究，为读者呈现更深入的研究图景。

该书的评价研究使用了量化方法，并针对已有AWE实验研究的局限，使用了被广泛认为较严密的随机实验设计。在已有研究中，近三分之一未使用对照组进行比较，因此很难将写作能力的提高完全归功于AWE（Li *et al*，2015）。该书则为验证AWE的有效性提供了更加令人信服的实证依据。其研究设计具有交叉试验的特点，既避免了伦理问题，又增加了研究的统计功效。然而，书中量化研究的样本量较小，且研究参与者多数集中在工科领域，导致研究结果的推广性受到一定程度的制约。Fu *et al*（2024）也建议AWE领域的研究可采用更大的样本量以获得更好的统计效果，并延长研究的持续时间以调查AWE的长期效果。

该书的参与研究用了质性方法，通过访谈、刺激回忆及屏幕录像等多种方式收集数据并进行三角验证，揭示了学生个案利用AWE系统修改研究论文的过程复杂性。屏幕录像为探究学习者的修改操作过程提供了更细致和丰富的数据。考虑到我国高校的多样化特征，未来研究可尝试探索更广泛的应用情境，如探讨不同机构和学科背景下，科研新手如何使用AWE工具，以此为更好地使用此类工具辅助学术写作教学提供广泛的参考。

此外，已有研究多聚焦AWE在本科阶段写作中的应用（如Jiang & Yu，2022；Ranalli，2021；Wang *et al*，2013），对中小学生群体关注不多（Fu *et al*，2024）。这可能是由研究者通常在高等院校工作所致（Hwang & Fu，2019）。尽管大学生受到较多的研究关注，但已有研究对研究生群体也有所忽略，该书的研究参与者主要关注博士生群体，填补了这一空白。

3.2 AWE的应用方式

下文将从AWE系统的选择、体裁、错误类型、学习者和反馈方式五方面比较该书和已有研究，讨论该书的贡献及不足。

在系统的选择方面，已有研究常用的AWE系统包括Criterion、Grammarly、My access、Summary Street和批改网。这些系统提供的反馈类型有所不同，大致包括：评分、直接修改、错误标记和修改建议（Fu *et al*，2024）。该书聚焦Grammarly这一系统的应用，不仅关注了纠错准确率，还首次探究了建议准确率。然而，该研究使用了Grammarly的免费版，结果显示其纠错准确率较高，召回率仅为三分之一。笔者发现其付费版通常能检查出更多错误，研发者出于商业利益的考虑而刻意降低了免费版的召回率。因此，该书呈现的召回率结果可能偏低，在推广此项结果时需谨慎。未来研究可使用该系统的付费版来考察其纠错的实际水平。此外，随着AI的迅猛发展和普及，类似工具近期层出不穷，如ProWritingAid、Turnitin、Hemingway Editor、iWrite和秘塔好奇猫。未来研究可通过比较不同系统，帮助潜在用户决定哪种工具能最大限度上满足其需求。此外，由于ChatGPT、KIMI、智普清言、百度文心等生成式AI工具的不断涌现，一些学习者可能倾向使用这些工具获取反馈，摒弃对AWE工具的利用。未来研究还可关注学习者如何借助这些AI工具进行写作。

就体裁而言，大多研究关注了AWE工具在某一种体裁（如说明文、议论文、总结和叙事）写作中的应用，其结果显示AWE更适用于低级别的写作课程（Ranalli *et al*，2017）。并且，长久以来，自动纠错反馈研究聚焦了非源文的通用英语写作，较少涉及基于源文的学术写作。因此，已有研究的发现无法推广至基于源文的学术体裁（Lachner *et al*，2017）。该书填补了这个重要的研究空白，针对博士生开设论文写作课堂，聚焦科研论文的修改，拓展了自动纠错反馈的研究范围，揭示在高阶学术英语写作过程中AWE工具的应用潜力，可为相关教学及研究提供借鉴。

在错误类型方面，已有研究关注了语言、内容、结构和体裁这四个方面的问题（Fu *et al*，2024）。研究揭示AWE的反馈准确性在语言形式方面（如语法、词汇、句法、搭配和规范）较令人满意，但在话语层面（如内容、结构）则相对较弱（Li *et al*，2015；Luo & Liu，2017）。该书仅聚焦了AWE工具对语法、拼写、标点和规范这四类错误的反馈，未能探究科研论文写作中更高层次的问题，如逻辑、修辞、引用。近期，Grammarly添加了对写作内容的修改建议。未来研究可探讨AWE系统对研究论文这些方面的反馈质量及应用效果，为学习者在学术写作上提供更高层次的助力。

就反馈方式而言，部分研究将AWE与同伴反馈或教师反馈相结合并进行了比较（如Dikli & Bleyle，2014；Lai，2010）。这些研究均发现，在促进写作发展方面，人工反馈优于AWE反馈（如Lai，2010）。然而，该书的两项研究并未设计同伴和教师反馈的环节，仅在参与研究中添加了对社会维度的考察，探索学习者在自然情境中就AWE反馈与同伴或师长的互动。考虑到人工和机器反馈的不同优势，未来研究可将两者相结合，以充分发挥其优势。

4 结语

该书通过探讨自动写作纠错反馈在学术写作中的应用，展示了AI发展对语言学习的影响，对写作教师、教育技术的开发者及研究者皆有启发。作者深入分析了自动纠错反馈在培养学生写作能力和提高写作质量方面的潜力，为教师帮助学习者利用教育技术提升研究论文的质量和学术写作能力提供了参考，并为研发者进一步改进AWE系统提供了依据，也为后续研究者提供了坚实的研究基础。当然，该书在研究设计、研究参与者的样本量、研究结果的推广性、反馈系统的选择、反馈的错误类型及反馈环节的设计等方面仍有不足，这些局限性为未来研究提供了改进的方向。

此外，该书作者作为研究主体，为读者提供了一个教、学、研有机结合的典范。他们通过设计严谨的实证研究探索了将AWE系统应用于教学的最佳方案，既帮助新手研究者提高了论文写作质量，又提升了教师自身的反馈素养。换言之，作者在助力学生学习的同时，也促进了自我成长，实现了“以评促学”“以评促教”。由此，该书也为AI技术赋能外语教育提供了一个扎实的案例。

最后，自动反馈技术在语言教学中的应用仍存在很多挑战，如此类技术会提供不准确的反馈和建议，过度依赖机器反馈可能会降低学习者的自主性和创造性。如何在使用这些技术时促进学生参与和自主性的培养是需不断探索的问题。该技术在提供即时反馈方面虽具有优势，但人类教师在语言学习中的角色仍不可或缺。如何将AI与人类教师的教学实践相结合，发挥彼此的优势，也值得思考。通过思考这些问题，我们可进一步探索自动纠错反馈技术在语言学习中的潜力和挑战，从中获得洞见，引发更广泛的讨论和研究，推动AI在语言教育领域的发展。

参考文献：

BAI L, HU G, 2017. In the face of fallible AWE feedback: how do students respond?[J]. Educational psychology, 37(1): 67-81.

DIKLI S, BLEYLE S, 2014. Automated essay scoring feedback for second language writers: how does it compare to instructor feedback?[J]. Assessing writing, 22: 1-17.

FU Q, ZOU D, XIE H, CHENG G, 2024. A review of AWE feedback: types, learning outcomes, and implications[J]. Computer assisted language learning, 37(1-2): 179-221.

GUO Q, FENG R, HUA Y, 2023. Automated written corrective feedback in research paper revision[M]. New York: Routledge.

HWANG G, FU Q, 2019. Trends in the research design and application of mobile language learning: a review of 2007–2016 publications in selected SSCI journals[J]. Interactive learning environments, 27(4): 567-581.

JIANG L, YU S, 2022. Appropriating automated feedback in L2 writing: experiences of Chinese EFL student writers[J]. Computer assisted language learning, 35: 1329-1353.

LAI Y, 2010. Which do students prefer to evaluate their essays: peers or computer program[J]. British journal of educational technology, 41(3): 432-454.

LACHNER A, BURKHART C, NUCKLES M, 2017. Mind the gap! Automated concept map feedback supports students in writing cohesive explanations[J]. Journal of experimental psychology applied, 23(1): 29-46.

LI J, LINK S, HEGELHEIMER V, 2015. Rethinking the role of automated writing evaluation (AWE) feedback in ESL writing instruction[J]. Journal of second language writing, 27: 1-18.

LUO Y, LIU Y, 2017. Comparison between peer feedback and automated feedback in college English writing: a case study[J]. Open journal of modern linguistics, 7: 197-215.

O'NEILL R, RUSSELL A, 2019. Stop! Grammar time: university students' perceptions of the automated feedback program Grammarly[J]. Australian journal of educational technology, 35(1): 42-56.

RANALLI J, 2021. L2 student engagement with automated feedback on writing: potential for learning and issues of trust[J]. Journal of second language writing, 52: 1-16.

RANALLI J, LINK S, CHUKHAREV-HUDILAINEN E, 2017. Automated writing evaluation for formative assessment of second language writing: investigating the accuracy and usefulness of feedback as part of argument-based validation[J]. Educational psychology, 37: 8-25.

WANG Y, SHANG H, BRIODY P, 2013. Exploring the impact of using automated writing evaluation in English as a foreign language university students' writing[J]. Computer assisted language learning, 26(3): 234-257.

ZHU M, LIU O, LEE H, 2020. The effect of automated feedback on revision behavior and learning gains in formative assessment of scientific argument writing[J]. Computers & education, 143: 1-15.

唐锦兰，2014. 探究写作自动评价系统在英语教学中的应用模式[J]. 外语教学理论与实践（1）：49-57.

唐锦兰，吴一安，2011. 在线英语写作自动评价系统应用研究述评[J]. 外语教学与研究（2）：273-182.

作者简介：

颜 奕 清华大学语言中心副教授。研究方向：学术英语、外语教师发展。通信地址：清华大学明理楼。邮编：100084。电子邮箱：yanyee@tsinghua.edu.cn

武 斌 （通讯作者）清华大学外文系博士研究生。研究方向：学术写作、英语媒介教学。通信地址：清华大学文南楼。邮编：100084。电子邮箱：wu-b18@mails.tsinghua.edu.cn

（责任编辑：黄萍萍）

English Abstracts

College ESP Teaching Based on Production-Oriented Approach: A Case Study of Telling China's Clothing Stories

....Zhang Huiqin and Kang Jieping

Abstract: Cultivating students' ability to tell China's stories well is key to national strategy, talent development, and college English teaching, as well as an effective means of integrating ideological and moral education into language courses. This article focuses on the "English Speaking and Writing" course, investigates why telling Chinese stories well meets the requirements of "A Guide to College English Teaching (2020 Edition)," and utilizes the Production-oriented Approach (POA) teaching process of "motivation, facilitation and assessment" to explore ways of effectively integrating telling China's clothing stories in college English teaching. The purpose is to see how to best foster the development of students' socialist values, strengthen their national cultural awareness and self-confidence so as to tell traditional China's clothing stories well.

Keywords: production-oriented approach; English for specific purposes (ESP); telling China's clothing stories well; cross-cultural competence

On Emotional Experiences and Emotion Regulation Strategies in Academic Literature Reading

.... Su Fang and Shang Ying

Abstract: This qualitative case study explores five English majors' academic emotions and their regulation strategies in academic literature reading. The research finds that reading academic literature evokes a range of academic emotional experiences, showing a dynamic shift from negative high-arousal emotions to positive high-arousal emotions. Learners employ various strategies for emotion regulation, rarely relying on a single strategy, and consider situational modification as the core approach. This study not only enriches the understanding of emotional experiences and regulation in second language learning but also provides insights for future research on emotions.

Keywords: academic literature reading; academic emotions; emotion regulation

From EGP to ESP: The Dynamics of Chinese EFL Teachers' Professional Identities in the Curriculum Transitional Period

....Zhai Shengjie

Abstract: Based on sociocultural theory, this qualitative case study proposes a new integrated conceptual framework for teacher identity research within three key constructs: teacher knowledge, autonomy, and practices. These constructs are interrelated and interacted with each other, collectively contributing to teachers' professional identities. This study has investigated the dynamics of Chinese EFL teachers' professional identities during the curriculum transitional phase from English for general purposes (EGP) to English for specific purposes (ESP). The findings have shown that EFL teachers' professional identities in the transition emerged as multiple, complex, and interactional, which were especially observable in three aspects: teacher knowledge, autonomy, and practices. First, it has provided an analytic framework for policymakers and administrators to formulate teacher professional development for EFL teachers in the transition. Second, it has yielded a set of context-specific research evidence to contribute to the existing research on teacher professional identity and an empirical base to inform the development of a framework for researching teacher professional development. Third, it could help EFL teachers reflect upon their professional identities and teaching practices in the transitional process, thus providing an alternative approach to formulating professional training and development for EFL teachers in China.

Keywords: curriculum reform; transition to ESP; EFL teacher professional identity

On English for Teaching and Teacher Education ESP Course Development Under the Guidance of Content and Language Integrated Learning Approach

.... Zhang Yi

Abstract: College English is an integral part of teacher education curricula in normal universities. In order to enhance the quality of pre-service teacher education and provide qualified graduates for primary and secondary education, the development of English for specific purposes (ESP) courses in normal universities can refer to the "Profession + Foreign Language" compound education requirements of the New Liberal Arts Construction, combined with the 4C framework under the integrated learning concept. The course development of English for Teaching and Teacher Education features an integration of the "pedagogical" content with the "demonstrative" teaching and learning methods, promotes the coordinated development of pre-service teachers' professional knowledge, skills, and competencies, and highlights the pedagogical characteristics of English courses in normal universities and colleges.

Keywords: content and language integrated learning; ESP; course development; normal universities; teacher education

Developing ESP Materials That Highlight Institutional Characteristics: A Case Study of *English for Teaching and Teacher Education*

....Zhang Yi and Tan Xiaoyong

Abstract: Content and Language Integrated Learning (CLIL) emphasizes the integration of language learning into subject content instruction. This aligns with the interdisciplinary approach of China's New Liberal Arts initiative and the goals of ESP teaching in cultivating occupational English skills. This paper explores strategies for developing ESP materials in normal universities under the guidance of CLIL. Using *English for Teaching and Teacher Education* as an example, the paper discusses the background, theoretical foundations, content organization, and activity design of the textbook, providing a reference for the development of ESP materials in normal universities.

Keywords: ESP materials; normal universities; content and language integrated learning (CLIL); *English for Teaching and Teacher Education*; loop-input

Terminology Perspective in ESP Teaching: Exploring a New Space of Engineering English Teaching

....Leng Bingbing

Abstract: With mechanical engineering English teaching as an example, the author suggests that four task-based teaching methods, i.e., searching for terminology genealogy, studying term variants' functions, analyzing term concepts, and exploring term naming rationale, should be employed by the ESP teachers to cultivate the linguistic, discourse and socio-cultural competences of the students. The method of searching for terminology genealogy helps learners enrich their specialized and linguistic knowledge by scanning information on the Internet. The method of studying functions of terminological variants focuses on the respective functions of the term variants, the study of which can improve the learners' reading and writing skills. Exploring naming rationale of terminology helps to develop the linguistic and socio-cultural competence of ESP learners to communicate accurately and appropriately. By integrating both specialized and linguistic knowledge, the method of analyzing term concepts helps improve the socio-cultural competence of the learners by means of careful comparison of term concepts.

Keywords: ESP teaching; terminology; teaching methods; engineering English

AI-Assisted ESP Corpus Design and Construction: Taking Financial English as an Example

....Zhong Zenan, Zhu Bingxia, Tu Binglan and Chen Jing

Abstract: This paper introduces the application of artificial intelligence technology in the design of ESP corpus, illustrating the procedural guidance from instructors in English news data collecting, cleaning, and annotating. It is found that artificial intelligence technology expedites and standardizes the process of corpus construction, providing abundant resources and intelligent support for ESP teaching. This paper aims to showcase the new design and construction of financial English corpus, thereby upgrading the process of ESP language teaching and shedding light on how to conduct same courses in universities.

Keywords: AI-assisted; ESP corpus; financial English; ESP courses; corpus design and construction

A Comparable Corpus-Based Study of Translation Universals in Translated English Sports News

.... Liu Shiyu and Yu Hong

Abstract: This research constructs a self-built comparable corpus to compare the English translated sports news with original English sports texts. It describes and analyzes their linguistic features at lexical, syntactic, and discourse levels from the perspectives of lexical diversity, lexical density, high-frequency words, and connectives. The study explores whether the translated sports news aligns with the translation universals of simplification, explicitation, and normalization. The results show that the translations confirm the hypotheses of explicitation and normalization but do not exhibit the trend toward simplification. Additionally, the study proposes suggestions for improvement regarding issues such as excessive nominalization and insufficient emotional expression in the translations. It aims to provide reference for sports news translation in China, meet the professional needs of sports news translators, and promote the exchange and dissemination of international sports culture.

Keywords: comparable corpus; translation universals; translated English sports news

On Curriculum Design of Legal Text Translation

.... Chen Jirong

Abstract: Since the late 1970s, the role of translation practice in ESP has received attention from researchers. Taking legal text translation as an example, this article explores a curriculum design from different levels based on the roles and characteristics of translation practice in ESP teaching. The results indicate that structured and dynamic teaching in the whole semester can effectively integrate specific teaching themes of each week into progressive teaching methods. While selecting teaching resources, teachers need to consider the matching between resources and translation skills, which helps to maintain a balance among the proportion of language resources, situational resources, and specialized knowledge. On the basis of individualized teaching principle, the difficulty level of translation practice can be set with reference to level of reading difficulty, taking factors such as the learner's background, learning interests, and language proficiency into consideration. Legal texts of different types should be covered in translation practice. Decoding the textual structure and discourse mode of these texts can help learners represent these stylistic features in translation.

Keywords: legal texts; translation practice; curriculum design

The Assessment Reform of Authentic Materials Used in English for Specific Purposes Program —A Case Study of "Radiotelephony Communication for Pilots" Course

.... Bao Qianyu and Guo Yan

Abstract: Assessment can provide teachers with feedback on teaching quality and effectiveness. Authenticity is a vital indicator for assessments in ESP. The ESP assessment results should reflect the real level of learners' proficiency in the specific language field, which puts demands on the authenticity of assessment language and tasks. Authentic materials offer learners access to real-world applications of language. Therefore, they constitute an important part in constructing ESP assessment. Taking the course Radiotelephony Communication for Pilots as an example, and by designing assessment in ESP based on authentic materials, this paper explores how to select and use authentic materials to build ESP assessment corpus and how to develop authentic ESP assessment tasks based on authentic materials, thereby shedding some light on improving the authenticity of ESP assessments.

Keywords: ESP assessment; authentic materials; authenticity

A Review of ESP Proficiency Scales Research and Prospects (1994-2023)

....Tai Zhonghua and Zhu Bingmiao

Abstract: An ESP proficiency scale is an important tool for ESP assessment, critical to ESP teaching. However, research on ESP proficiency scales only accounts for a small proportion in research of ESP assessment. This paper analyzes the trend and traits of ESP proficiency scales research both at home and abroad for the past 30 years. It is found that domestic studies mainly focus on business English rating scales and the construction of scale framework theories, while overseas research pays more attention to the validity and applicability of ESP proficiency scales. Regarding the research difficulties in the field, this paper proposes solutions accordingly, and unfolds prospects of future research for ESP proficiency scales in China.

Keywords: business English; ESP; ESP proficiency scales

The "Language Service Turn" in Teaching philosophy and Practice of English for Specific Purposes

....Wang Lifei

Abstract: This paper describes the concept and brief history of language service education, and proposes that in the new situation of AI and new-quality productivity development, ESP teaching should adopt a "language service turn" both theoretically and practically. This shift is not only a demand from the age and society but also a need for the interdisciplinary integration and development of ESP teaching *per se*. It will empower students with the skills to serve specific academic fields and professional workplaces.

Keywords: English for specific purposes; teaching philosophy; teaching practice; language services; service turn

Exploring the Application of Artificial Intelligence Technology in Academic Writing: A Review of *Automated Written Corrective Feedback in Research Paper Revision*

....Yan Yi and Wu Bin

Abstract: This article examines a volume from the *China Perspectives* series published by Routledge in 2023, *Automated Written Corrective Feedback in Research Paper Revision*. Through evaluation and engagement research, this book explores the application of automated written corrective feedback in revising research papers. It reveals the impact of an AI-powered automated writing evaluation tool on academic writing, and can offer practical insights for the in-depth integration of AI technology into foreign language education. Furthermore, the book may contribute to the continuous optimization of similar tools and broaden the scope of future research endeavors.

Keywords: artificial intelligence (AI); automated writing evaluation (AWE); academic writing

本刊稿约

ESP（English for specific purposes，专门用途英语）指满足学习者特殊需要的英语，主要包括专门职业和学术领域内所使用的英语的语法、词汇、句式、语篇、文体等特殊语言技能。ESP教学重视在具体工作场合的英语应用能力和跨文化交际能力的培养，满足不同学习者群体的专门需要，追求英语学习效率的最大化。ESP教学是我国大学英语教学乃至英语类专业教学的重要组成部分。

《中国ESP研究》是中国外语界第一家致力于专门用途英语理论与教学研究的学术期刊，由北京外国语大学主办，外语教学与研究出版社协办。本刊与国际学术前沿接轨，审稿制度和编辑体例严格遵从国际惯例，聘请国内外知名专家组成编委会，实行同行专家匿名审稿制度。

《中国ESP研究》主要发表有关专门用途英语的理论与教学实践研究成果，关注从理论和实践的角度对专门用途英语进行全方位、多层次研究。本刊设有以下主要栏目：理论前沿、语言研究、课程设计、教学法研究、测试研究、教材研究、教师发展研究、学界动态。本刊热忱欢迎具有创新性、学术性和指导性的高质量论文，着力推介原创性理论成果与具有可操作性的教学改革成果。

本刊已列入《中国学术期刊网络出版总库》及CNKI系列数据库，文章一旦被我刊录用即被知网收录，作者未提异议则视为认可本声明。本刊已进入中国人文社会科学A集刊评价名单（2022）。本刊被评定为“2022年度中国人文社会科学期刊AMI综合评价”集刊入库期刊，并荣获知网“2024年度高影响力学术辑刊”称号。

来稿请严格遵守《高等学校哲学社会科学研究学术规范（试行）》，选题应具有理论意义或现实意义，文章力求论点鲜明、方法得当、资料翔实、论证严密。来稿论文以7000—8000字为宜；简介、报道、会议综述等不超过3000字。来稿一律使用Microsoft Word 2003排版，论文具体格式请参照本刊所附《论文格式说明》。论文请附中英文提要和关键词。来稿正文请勿署作者姓名和单位，须另附页写明论文题目、姓名、单位、学历、职称、职务、研究方向、通信地址、联系电话、电子邮箱等信息。

来稿请务必保证文章版权的独立性，严禁抄袭，否则后果自负。编辑部有权对稿件进行必要的修改。稿件投出后3个月内若未接到用稿通知即可自行处理，请勿一稿多投。

自2025年1月1日起，《中国ESP研究》更名为《专门用途外语研究》，同时启用新的采编平台（http://cjlsp.hssonline.cn）。感谢各位专家、作者和读者长期以来的支持和信任。

《中国ESP研究》编辑部

附：论文格式说明

1　稿件构成

论文中文标题、英文标题。

中文提要（不少于200字），英文提要（不少于150词），中、英文关键词（各3—5个）。

论文正文（与上述内容分页），要求8000字以下。

参考文献。

附录等（如果有）。

作者信息（另页）：姓名、单位、学历、职称、职务、研究方向、通信地址及邮编、手机号码、电子邮箱。

2　正文格式

（1）标题。一般单独占行，居左；段首小标题，前空两格，后空一格。

（2）层次编码。依次使用1、2、3……；1. 1、1. 2、1. 3……的格式。

（3）正文。一律以Microsoft Word 2003格式提供。正文采用5号宋体字，一律采用单倍行距。引文务请核实无误，并注明出处。

（4）图表。图表分别连续编号，图题位于插图下方，表题位于表格上方，图题格式为“图1图题”，表题格式为“表1表题”。图题、表题及图表中的文字一律采用中文。

3　注释

注解性内容分附注、脚注和夹注。

（1）附注。一般注释采用附注的形式，即在正文需注释处的右上方按顺序加注数码1、2、3……，在正文之后写明“附注”或“注释”字样，然后依次写出对应数码1、2、3……和注文，回行时与上一行注文对齐。

（2）脚注。对标题的注释或对全篇文章的说明以脚注的形式处理，注号用*，而不用阿拉伯数字，列在当页正文下，正文和脚注之间加一横线。其他同一般注释。

（3）夹注。夹注可采用以下几种形式（其中“作者姓／名”表示引文或所依据的文献为中文作者的用其姓名，英文作者的用其姓）：

——（作者姓／名，年代：原文页码）例如：随着语篇研究的深入，人们认识到“只有把交际过程的所有因素都包容进来时，语篇才能得到恰当的解释和描写”（Dogil *et al*，1996：481）。

——作者姓／名（年代：原文页码）例如：Leather（1983：204）认为“音段音位层面的迁移是受本身制约的，而超音段音位层面的迁移具有聚集性，因此更为严重”。

——（作者姓／名，年代）例如：研究表明，可控因素通常包括动机、观念和策略（Wen，1993；文秋芳、王海啸，1996）。

——作者姓／名（年代）例如：Halliday（1985）认为，从语言的使用角度看，情景语境中有三个因素最为重要。

4 参考文献

论文和书评须在正文后附参考文献，注意事项如下。

（1）注明文中所有引文的出处和所依据文献的版本情况，包括：作者的姓、名，出版年，篇名、刊名、刊物的卷号和期号、文章的起止页码，书名、出版地和出版者。

（2）在每一文献后加注文献类别标号，专著标号为[M]，论文集为[C]，论文集内文章为[A]，期刊文章为[J]，报告为[R]，博士论文和硕士论文为[D]。

（3）文献条目按作者姓氏（中文姓氏按其汉语拼音）的字母顺序、中外文分别排列。外文文献在前，中文文献在后。同一作者不同时期的文献按出版时间的先后顺序排列。外文书名和论文篇名均以正体书写，仅首单词的首字母大写。每条顶格写，回行时空两格。

（4）网上下载的文献应注明相关网页的网址。

（5）英文参考文献作者姓名字母均须大写。

5 引文

引文较长者（中文100字以上，外文50词以上，诗2行以上）宜另起一行，不加引号，左边缩进一格。

6 译名

外文专有名词和术语一般应译成中文。不常用的专有名词和术语译成中文后，宜在译名第一次出现时随文在括弧内注明原文。英文人名可直接在文中使用，不必译成中文。

7 例句

例句较多时，宜按顺序用（1）（2）（3）……将之编号。每例另起，空两格，回行时与上一行例句文字对齐。外文例句可酌情在括弧内给出中译文。

《中国ESP研究》编辑部